ÖKO

TEDDYBÄR

UNIVERSUM

POSTEMANZIPATION

REZESS
KUL
X-SY
ROM
HR
DER
SP
SE

Matthias Horx ·
Trendbüro

Trendbuch

Econ Verlag

Matthias Horx ·
Trendbüro

Trendbuch

1

Econ Verlag
Düsseldorf ·
Wien · New York ·
Moskau

INHALTSVERZEICHNIS

Lektorat: Bettina Eltner
Dokumentation: Lars Thomsen
Gestaltung: Régine Thienhaus/Büro Hamburg
Satz und Bildbearbeitung: Piroska Berger/Kabel Hamburg
Gesetzt aus: Meta, Modular, Bank Gothic
Druck und Bindearbeiten: Franz Spiegel Buch GmbH, Ulm
Printed in Germany
ISBN 3-430-14803-0

Philip Anderson

zeichnete die Illustrationen zu diesem Buch.
Er arbeitet für Business Week, Esquire, New York Times und Time Magazine und lebt mit Frau und Kind in Maine/USA.

DIE ZWÖLF HAUPTTRENDS

TRENDFORSCHUNG

Was zum Teufel ist überhaupt Trendforschung? Wie Trendbüro seine Aufgaben definiert, und warum wir längst in einer „entfalteten Trendgesellschaft" leben.

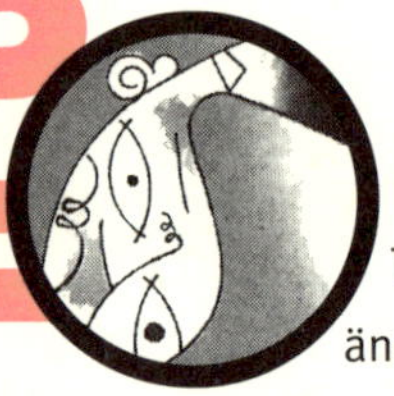

Eigentlich ist die Sache vollkommen klar. Trendforschung ist die Lehre von den Veränderungen unserer Kultur, mit einem besonderen Schwerpunkt auf Alltagskultur. Trendforschung handelt von der Art und Weise, wie wir essen, trinken, lieben und uns kleiden, wie wir unsere Haare schneiden, mit welchen Dingen wir uns umgeben (und warum), wie wir unsere Wohnungen einrichten (und zu welchem Zweck), welche Selbstbilder wir entwerfen, welchen Phantasien wir uns hingeben, welche Ikonen, Idole und Fetische wir verehren (vielleicht sogar, ohne es zu merken). Trendforschung beschäftigt sich mit Philosophie und Soziologie, aber auch mit solch scheinbar profanen Dingen wie Zahnbürsten, Teddybären, Küchengeräten, Verpackungstexten, Duftnuancen, Kopfschmerztabletten, Gartenzwergen, Lampenformen und Kuchen-Eßgewohnheiten. Trendforschung ist die Ethnologie der Gegenwart. Sie interessiert sich für die Zukunft, aber ihre Neugier ist vornehmlich auf die Gegenwart gerichtet. Nur wenn wir verstehen, was heute passiert, können wir die Zukunft entwerfen.

Das klingt, zugegeben, nicht sonderlich aufsehenerregend. Aber seltsamerweise ist nichts schwieriger, als sich über das Heute ein umfassendes Bild zu machen. Wir sind gegenwartsblind, und unsere eigene Epoche scheint uns ganz besonders unübersichtlich. Bei der Einschätzung vergangener Zeiten hingegen tun wir uns wesentlich leichter. Klar und eindeutig können wir Tendenzen und Strömungen feststellen. Um also unser Unvermögen bei der Beurteilung von Gegenwart wettzumachen, müssen wir nur einen einfachen Trick anwenden: Wir begeben uns „virtuell" in die Zukunft und blicken auf unser Heute zurück. Anders ausgedrückt: Man stelle sich einen Wissenschaftler im Jahre 5000 vor, der bei Ausgrabungen auf eine Müllkippe oder Entsorgungsdeponie unserer Zivilisation stößt. Er wird sorgfältig Schicht um Schicht abtragen und sich mit seinem Forschungsteam Gedanken über die seltsamen Gegenstände machen, die dort verbogen, verbeult, vermodert zutage gefördert werden. Er wird versuchen, das, was er findet, mit dem, was er über unsere Epoche weiß, in Beziehung zu setzen. Er wird sich etwa fragen, welchen Zweck wohl die vielen Plastikgehäuse mit primitiven Halbleitern erfüllten und was die immer wiederkehrende Figur mit den schwarzen Ohren zu bedeuten hat oder warum zahlreiche halbverschmorte Zeitgeber aus buntem Plastik dort zwischen den Schichten lagern. Er wird sich seine Gedanken machen über unsere Vorlieben, Spleens und Fetische, und er wird versuchen, dem Ganzen einen kulturellen Sinn zu geben.

Unser Kollege in der Zukunft hat den großen Vorteil, daß er die Übersicht bewahren kann. Wir, die „Ausgräber der Gegenwart", können jedoch nicht nur Computer, Mickymäuse und Swatch-Uhren unvermodert untersuchen, wir können auch ihren kulturellen Kontext schneller dechiffrieren.

Wir verfügen über eine Unmenge von aktuellen Quellen, kulturellen Theorien und Kontextwissen, mit denen wir erklären können, warum etwa eine Swatch-Uhr so etwas wie einen Kultcharakter hat. Oder warum, sagen wir, Nudelmaschinen in den Küchen der neunziger Jahre verrosten oder das Tiramisu (das in der Zukunft sicher längst verdorben wäre) plötzlich vom Lieblingsnachtisch der Deutschen zur Salmonellenfalle wird.

Unwichtige Fragen? Was wir mit unserem Kollegen aus der Zukunft in jedem Fall teilen, ist die Forscherlust. Neugier gehört dazu und eine gewisse fanatische Liebe zum Detail.

Wie alle, die sich jemals aufgemacht haben, eine Kultur (und damit die Menschen) zu verstehen, nehmen wir das Kleine, Marginale, scheinbar Unwesentliche äußerst ernst. Trendforschung: Sie hat, wenn man so will, auch ein meditatives Element. Wir glauben den Dingen.

ENTFALTETE TRENDGESELLSCHAFT

Natürlich kommen an dieser Stelle sofort skeptische Fragen auf: Kann man in einer Welt, die so vielfältig und widersprüchlich ist wie unsere moderne Industriegesellschaft, eigentlich verläßlich Trends ausmachen? Was **sind** Trends? Läuft unser Vorhaben nicht zwangsläufig auf windige Behauptungen hinaus, deren Wahrheitsgehalt nicht dadurch größer wird, daß ganze Heerscharen von Trendsettern irgendwann an sie zu glauben beginnen, wenn sie nur genügend oft in den Massenmedien und Trendzeitschriften wiederholt werden? Werden Trends in unserer gierigen Medienkultur nicht einfach **gemacht?** Kann man nicht zu jedem Trend mit derselben Legitimation einen ebenso starken Gegentrend behaupten?

Bei seriöser Trendforschung geht es nun mal nicht um In- und Out-Listen. Vielmehr liegt die Kunst darin, im scheinbar unüberschaubaren Dschungel der Alltagskultur Pfade aufzuspüren, verläßliche Begriffe zu definieren und Wegweiser ausfindig zu machen. Das ist die Aufgabe unserer Zunft. Daran, wie wir sie einlösen können, werden wir gemessen.

Obwohl sich Trendforschung auf klassische Wissenschaften bezieht – so auf Soziologie, Ethnologie, Alltagssoziologie und Geschichtsforschung –, ist sie eine junge Wissenschaft. Unter dem Rubrum Trend jedenfalls wurde sie erstmals Anfang der achtziger Jahre gesichtet – natürlich in Amerika. Dies ist kein Zufall. Denn ungefähr zu diesem Zeitpunkt begannen sich die westlichen Industriegesellschaften in ihrer Alltagskultur zu entfalten. Der zweite große Wohlstandsschub nach dem Krieg und der exponentielle Ausbau der Medien schufen jenes gigantische, unüberschaubare Konglomerat der widersprüchlichen Lebensstile und Lebenswelten, der Gegen-, Sub- und Hauptkulturen, in denen auf den ersten Blick keine eindeutige, generelle Richtung mehr auszumachen war.

Orientierung tat not. Während in den Sechzigern und Siebzigern die gesellschaftlichen Trendvektoren noch in relativ eindeutige Richtungen wiesen, wurde die Frage, wohin sich die Gesellschaft entwickelt, erst dann relevant, als die Parole „Everything goes" aufkam.

Wohl kaum jemand hätte heute Schwierigkeiten, den Stil des Nachkriegsjahrzehnts zu beschreiben: Tütenlampen, Petticoats, Nierentische, Rock 'n' Roll oder stromlinienförmige Autokotflügel prägten eine kohärente Alltagsästhetik, die überall in der westlichen Welt verbindlich war. Ein bestimmtes Werteset wurde von einer Mehrheit für allgemeingültig gehalten. Nicht viel anders war es in den Sechzigern, in denen sich pathetisch technische Innovationsschübe vollzogen und eine Atmosphäre vibrierender Rebellion und Erotik herrschte. In den Siebzigern schließlich läßt sich der erste Höhepunkt der Individuationswelle ausmachen. Damals gab es zwar noch eine herrschende Kultur, gegen die die verschiedenen Jugendkulturen anbrandeten, und die Fronten waren relativ klar (man war entweder etabliert oder alternativ, links oder reaktionär). Doch dann begannen sich die kulturellen Stränge zu verwirren. Gegenkulturen und etablierte Kulturen waren plötzlich nicht mehr so leicht zu unterscheiden, mit dem Aufkommen der Popper brach die Zeit der Anpassungsrevolte an. Das universelle **Zitat** tauchte auf der Bühne der Kultur auf: Wer in den Sechzigern zerschlissene Jeans trug und sich bunte Klunker um den Hals hängte, der **meinte** das auch so, der lebte zumeist 24 Stunden lang einen rebellischen Lebensstil mit allen Risiken und Entsagungen. Derzeit kann man sich Insignien und Symbole in jeder Boutique beschaffen. Und wo bleibt die Weltanschauung? Heute – so hat man fast den Eindruck – erfolgt das Aufkommen bestimmter Stilformen zeitgleich mit ihrem Comeback – das Rad der Stilgeschichte rotiert immer schneller.

Die Trendforschung muß nun unterscheiden, welche Strömungen bedeutend sind und welche nicht. Dabei stehen ihr drei wesentliche Kategorien zur Verfügung. Moden entstehen aus der Eigendynamik der Medien, den Bedürfnissen der Modeindustrie und den Zicken der Subkulturen – sie entwickeln sich aus dem Spiel der Stile mit sich selbst. Sie sind kurzfristig und spontan, und man kann sie nur grob vorhersagen. Moden können durchaus Indikatoren für große Trends sein, Trends aber haben, anders als die Mode, immer einen „tiefen“ Kern. Etwas Substantielles verändert sich. Die Parameter der Gesellschaft verschieben sich. Sie „übt“ neue Verhaltensweisen. Trends sind, so könnte man es provisorisch formulieren, kulturelle Anpassungsübungen an veränderte Gegebenheiten. Mit ihnen versucht die Gesellschaft, den Spannungen, denen sie durch Modernisierungen und veränderte Bedingungen ausgesetzt ist, Gestalt zu verleihen. Trends sind die Grammatik des Neuen, das in unsere Gewohnheiten einbricht und sie verändert. Und immer liegen ihnen solide soziographische Wandlungen zugrunde, vermischt mit und verschärft durch technologische Innovationen.

Die Aufgabe der Trendforschung ist also, scheinbar chaotischen Oberflächenphänomenen ein handhabbares Interpretationsraster hinzuzufügen, das uns erklären kann, warum bestimmte Moden und Zeichen sich häufen. Ein solider Trend, der uns als Trendforscher herausfordert, muß mindestens fünf Jahre andauern. Manchmal sind es soziologische hard facts, die uns auf seine Spur setzen – zum Beispiel sind Wirtschaftsdaten letztlich ausschlaggebend dafür, daß einer unserer Haupttrends für die nächsten Jahre Rezessionskultur lautet. Andere Trends spiegeln sich zunächst nur in kleinen, fast unmerklichen Zuckungen auf den Trendoberflächen. Sie enthüllen ihren Sinn erst dann, wenn man hartnäckig nachfragt und recherchiert.

DIE VIER VERSUCHUNGEN

Der Immermehrismus. „Immer mehr Frauen wollen zurück in die Hausfrauenrolle". „Immer mehr Paare machen Partnertausch". „Immer mehr Deutsche wollen auswandern". „Immer mehr Karrierefrauen geben ihre Kinder zur Adoption frei". Solche griffigen Formeln begegnen uns tagtäglich in den Medien. Wenn man genauer hinschaut, wurde ein winziges Detail einer Umfrage gedehnt, uminterpretiert und zum Beweis für haltlose Feststellungen herangezogen. Vor solchen Trendmeldungen muß man sich hüten.

Das Überschall-Syndrom. Trends, so heißt es, müssen ungeheuer schnell sein. Wer die Nase vorn hat, macht das Rennen. Wir sind hier etwas vorsichtiger. Gerade weil der Zeitfaktor im modernen Produktmarketing immer wichtiger wird, ist es sinnlos, einem schnellen Trend hinterherzuhechten, der in ein, zwei Monaten bereits wieder verbrannt ist.

Die subkulturelle Falle. Eine andere Gefahr lauert im bedingungslosen Glauben an die Stilmacht der Subkulturen. Man beobachtet die Gewohnheit von Kids, die Schnürsenkel offen zu tragen – und schon wirft man eine ganze Kollektion Turnschuhe auf den Markt, bei denen man die Schnürsenkel nicht zubinden kann. Man entdeckt einen Trupp Mädchen im tiefsten Nachtleben von Berlin, der sich die Haare onduliert und lila färbt, und schon verkündet man den Alte-Oma-Stil. Das mag unterhaltsam sein, hat aber viel zum Verruf beigetragen, in den die Trendforschung geraten ist. Nicht nur, daß das „Konzept Subkultur" heute fragwürdiger ist denn je – die Zeiten, in denen kleine, radikale Gruppen automatisch Avantgarde waren, sind vorbei. Man muß auch zuerst einmal fragen, wie die jeweilige Subkultur gelagert ist, ob es sich um eine aussterbende Spezies handelt, deren Zeit eigentlich abgelaufen ist, oder um ein wirklich neues Lebensgefühl, einen Stil, der sich mit anderen Indikatoren verbindet. Dann allerdings können auch kleine Subkulturen eine Menge Auskunft geben über das, was uns bevorsteht.

Das Ausrufen neuer Zeitalter. Eine dritte Marotte ist der Hang, ständig neue Epochen der Menschheit zu deklarieren. Das virtuelle Zeitalter, das feminine Zeitalter, die poststrukturalistische Gesellschaft, die hyperkybernetische Ära ... bricht an. Wir sind hier eher skeptisch. Die neuen Wortschöpfungen mögen bisweilen interessant sein und können durchaus auch spannende Diskussionen auslösen. Wir haben jedoch das Gefühl, daß sich die Dinge so schnell und so generell nicht ändern, wie unsere Apologeten der Bewußtseinsrevolution das gerne hätten. Kulturelle Evolution ist langsamer und komplexer.

DER HOCHKULTURELLE DÜNKEL

Auf geheimnisvolle Art und Weise haftet dem Wort „Trend“ etwas Halbseidenes, Billiges an. Kristallkugel fällt einem dazu ein, oder man stellt sich Trendforscher als nicht vertrauenswürdige, junge Leute vor, die unentwegt durch Bars und Diskotheken ziehen und stets wissen, was der letzte Schrei ist.

In diesem Vorurteil mischt sich Richtiges und Falsches. In Amerika oder Frankreich, wo Trendforschung inzwischen ein ganz normales Dienstleistungsgewerbe ist, herrscht ein entspannteres Verhältnis zum Spiel der Medien und Stile, zu Zukunft und Gegenwart. Hierzulande dauert eben alles ein wenig länger, und manchmal währt es ewig. Man neigt dazu, die Zukunft als eine Art Menetekel zu betrachten. Und es gibt einen typisch deutschen Hang, alles, was nicht mit ewigen Werten zu tun hat, nicht ernst zu nehmen. Die Furcht, von geheimnisvollen Mächten (eben auch Trends) manipuliert und infiltriert zu werden, hat etwas Manisches; sie läßt sich, zum Teil zumindest, durch die Erfahrungen mit dem Naziregime erklären.

Da Trendforschung von unserer alltäglichen Kultur handelt, liegt ihr ein bewußt triviales Weltbild zugrunde. Aber trivial ist hier nicht als antiintellektuell gedacht, im Gegenteil. Wir halten die Verachtung, die gegen Oberflächliches gehegt wird, für kontraproduktiv. Wo, wenn nicht an unserem Verhalten, können wir Moral messen? Wo, wenn nicht in der Alltäglichkeit, im kleinen, scheinbar nebensächlichen Detail, können sich Stil und Ästhetik beweisen? Massenkultur ist für uns nichts Schlechtes, Konsum nichts Verdammenswertes (zumal gerade die größten Kritiker des Konsums ihn am ungehemmtesten betreiben), sondern Teil gesellschaftlicher Realität. Wie und was wir kaufen, auch das läßt Rückschlüsse auf unseren Charakter zu. Die profanen Dinge geben uns bisweilen genauere Auskunft über unseren Seelenzustand als alle hochfliegenden Theorien und Denkgebäude. Denn im Kleinen spiegelt sich das Große: In dieser schlichten Weisheit liegt ein großes Stück dessen, was Trendforschung ausmacht. Die Machart einer Fernsehshow oder eines Werbespots kann mehr über die Substanz unserer Gesellschaft aussagen als ganze soziologische Bibliotheken.

Es gibt in diesem Lande jedoch eine unheilvolle Tradition des kulturellen Elitarismus. Anhänger dieses

Weltbildes fragen ständig nach etwas Finalem, Letztgültigem, nach dem **Prinzip,** nach der großen Idee, die alles erklärt. Sie sind doppelt beleidigt, wenn Trendforschung so etwas nicht liefern kann und will.

Der Witz an unserer modernen Gesellschaft ist jedoch, daß sich in ihr besonders in den letzten Jahrzehnten eine Struktur herausgemendelt hat, die die Hüter unseres heiligen Kulturgrals nicht gewohnt sind. In einer Gesellschaft, in der Trends wachsen, wuchern, sich ständig verändern, gibt es kein erhabenes Prinzip mehr, das alles kontrollieren könnte.

Die Kultur erzeugt sich selbst, aus sich selbst heraus immer wieder neu und ohne irgendeinem endgültigen Ziel zu folgen (dies ähnelt, nebenbei, ökologischen und organischen Prozessen). Natürlich ist auch die Trendforschung selbst Teil dieses Spiels – sie **verstärkt** Trends, indem sie sie wahrnimmt und artikuliert. Aber ebensowenig wie jede andere demokratische Institution ist sie imstande, sie letztlich zu **erzeugen.**

Im Streit darum, ob die Trendforschung sinnvoll ist oder nicht, prallen zwei Zeitalter und zwei diametral entgegengesetzte Lebenshaltungen aufeinander. Die Abneigung gegen die Trendforschung ist auch die Verachtung der Moderne, und sie versteckt nur mühsam die Angst vor dem Autoritätsverlust der Intellektuellen. Die Macht der traditionellen „Schriftgelehrten“, die qua Bildung und Schichtenzugehörigkeit den gesellschaftlichen Diskurs bestimmen, ist rapide im Sinken begriffen. In der „telematischen“ Gesellschaft verlieren die klassisch gebildeten Kasten die Interpretationsgewalt.

Jeder kann am neuen Spiel der Informationsgesellschaft teilnehmen – vielfernsehende Jugendliche, die kaum mehr als die Hauptschule hinter sich haben, verfügen unter Umständen über mehr Wissen als altgediente Professoren. Kein Wunder, daß dies letzteren eher unheimlich ist.

Die entfaltete Trendgesellschaft funktioniert niemals nur in eine Richtung. Man kann sich daher unsere Trendwelt auch als dreidimensionalen Raum vorstellen, in dem sich Strömungen und Lebensstile überlappen, parallel und teilweise paradox entwickeln. Sie scheinen sich zu widersprechen, in Wirklichkeit entfalten sie sich. Daß es neben einem Trend „Neue Bescheidenheit" auch eine Tendenz „Neue Üppigkeit" gibt, ist nur für denjenigen befremdlich, dessen Weltbild im Grunde eindimensional geprägt ist. (Was uns nicht davon befreit zu beurteilen, welcher der beiden Trends der stärkere, dauerhafter, der „Leittrend" ist.)

TRENDMATHEMATIK

Wie aber kommen wir von der Analyse zur Prognose? Auch Trendforschung arbeitet, einem Vorurteil zum Trotz, mit Zahlen, Daten und Fakten. In unserem Archiv sind die neuesten Umfragen, Meinungscluster und demographischen Studien verfügbar. Aber bei der eigentlichen Aufgabe hilft uns keine Meinungsforschung: Das In-Beziehung-Setzen soziokultureller Faktoren kennt kein ausschließliches Rezept (Abb.1).

Wenn Gesellschaften wie riesige organische Gebilde funktionieren, müssen wesentliche Körperfunktio-

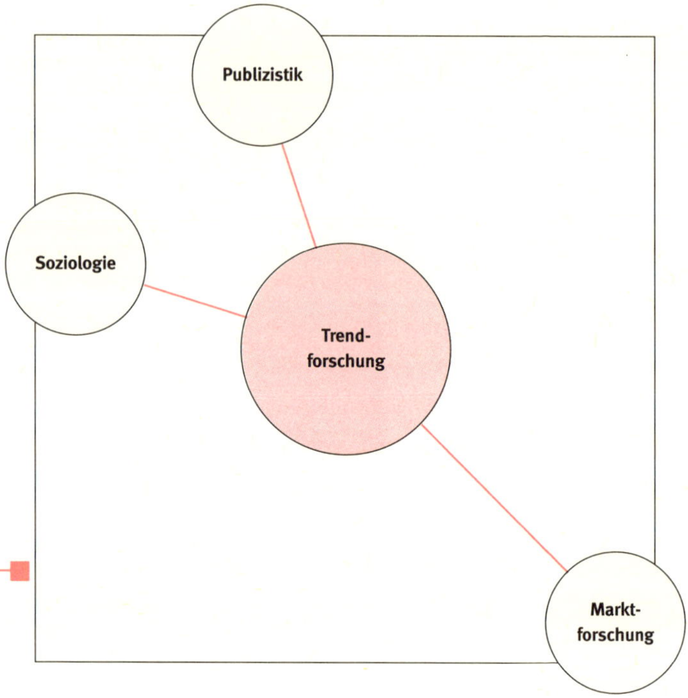

Abb. 1: Trendforschung im Diagramm

nen bestimmten Rhythmen unterliegen – und solche Rhythmen sind erstaunlich konstant.

Als Beispiel soll die Indexkurve (Abb.2) für den Einfluß postmaterieller Werte auf unsere Alltagskultur dienen (als postmateriell bezeichnen wir alle Werte, die auf Lebensqualität zielen, die das Ideelle dem Materiellen vorziehen, die ökologische und soziale Wertsetzungen gegen hedonistische und individualistische Interessen setzen).

Ein anderer Blick, der für Trendprognosen enorm wichtig ist, führt uns ins Ausland. Und das gilt besonders für die Trendforschung in Deutschland. Ohne Zweifel ist

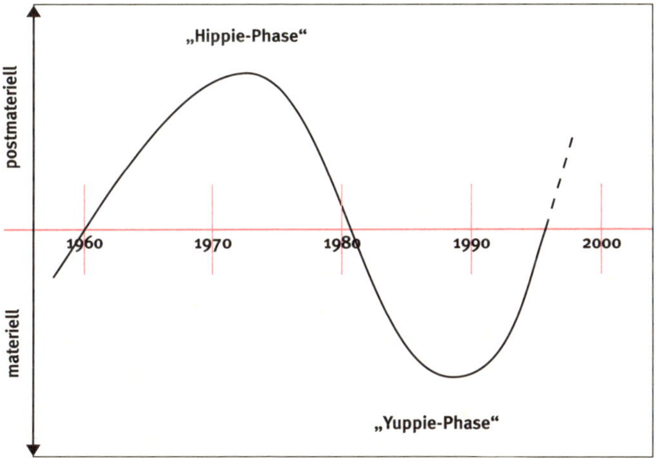

Abb. 2: Einfluß postmaterieller Werte auf unsere Alltagskultur

die deutsche Nachkriegskultur mit der amerikanischen durch eine kulturhistorische Pipeline verbunden, die bislang immer erstaunlich verläßlich funktioniert hat. Trotz aller Verschiedenheiten hat die deutsche Kultur in einem Drei-bis-sieben-Jahres-Rhythmus der amerikanischen „nachgeklappt" (Abb.3). Das heißt nun nicht, daß jedes Produkt, das in Amerika auf den Markt kommt, fünf Jahre später hierzulande ein Erfolg wird. Es heißt auch nicht, daß jedes Phänomen bei uns gleiche Ausmaße und Formen annimmt. Aber es lassen sich aufgrund der Erfahrung bestimmte Mutmaßungen anstellen, die die Entwicklung und Dynamik von Trends beeinflussen.

So wird etwa die moralische Selbstbesinnung der Clinton-Ära – egal, wie sehr man sie als gelungen betrachtet – auch bald hierzulande ein Phänomen sein. Die Frage „Was sind unsere Grundwerte?" führt zu einer neuen gesellschaflichen Debatte, deren erste Ausläufer wir heute schon beobachten können.

	Amerika	Deutschland
Beginn der Jugendrevolte	1964	1966
Beginn einer Krisenära	1972	1977
Beginn einer konservativen Wende	1978	1982
Höhepunkt des hedonistischen Wertsystems	1987	1990
Beginn der Remoralisierungsphase	1992	?

Abb. 3: Kulturhistorische Pipeline Amerika-Deutschland

DAS ETHOS DER TRENDFORSCHUNG

Kommen wir nun zum vielleicht heikelsten Einwand gegen die Trendforschung: Angenommen, sie verfügte tatsächlich über die Fähigkeit, gesellschaftliche Strömungen frühzeitig aufzuspüren und sichtbar zu machen – wie läßt sich dann ihr Verhältnis zur Industrie definieren? Vereinfacht ausgedrückt: Verrät sie den Marktstrategen womöglich noch die letzten Geheimnisse über unsere tiefsten Wünsche, Hoffnungen und Träume, nur damit wir am Ende eine noch subtilere Werbekampagne vorgesetzt bekommen und dann auch das allerletzte überflüssige Produkt kaufen?

Trendforschung arbeitet, das ist Fakt, nicht nur für die Medien, sondern auch für die Industrie. Sie ist weniger kostenintensiv als die klassische Marktforschung, da sie nicht so sehr auf Umfragen setzt, sondern eher empirisch statt quantitativ, eher sinnlich denn statistisch vorgeht. Das heißt aber auch, daß unsere Aufgabe nicht darin bestehen kann herauszubekommen, ob der Schokoladenriegel bei zweitausend repräsentativ ausgewählten Konsumenten richtig in der Hand liegt und die Verpackung beim Aufreißen angenehme Gefühle verursacht.

Unsere Aufgabe ist es, das Produkt „Schokoladenriegel“ in seinem kulturellen Kontext zu betrachten, etwas über Eßgewohnheiten herauszubekommen, zu ahnen, wie diese sich in der Zukunft verändern werden, das Essen in Beziehung zum Leben zu setzen, eine produktorientierte Kulturgeschichte zu schreiben. Und dem jeweiligen Kunden schließlich ein qualitatives Moment vorzuschlagen, das ihm Konkurrenzvorteile verschafft.

Im kleinen Wörtchen qualitativ liegt bereits ein Teil unseres Arbeitsethos. Trendforschung ist auch qualitative Marktforschung. Damit sie aber richtig und gut funktionieren kann, benötigt sie auch eine gewisse Distanz zum Produzenten, die sich ausführende Institutionen wie Marktforschungsunternehmen und Werbeagenturen (die, wenn sie ihren Job gut machen wollen, natürlich eine Menge Ahnung von Trends haben müssen) unter Umständen nicht leisten können.

Trendforschung muß zur Antwort auf die Frage beitragen, wie sich das Verhältnis zwischen Konsumenten und Produzenten in Zukunft noch gedeihlicher gestalten läßt. Hier liegt mehr im argen, als es auf den ersten Blick den Anschein hat. Auf beiden Seiten der Front herrschen falsche Bilder: Die Industrie unterschätzt noch immer die Intelligenz und den Unmut des Verbrauchers – sie wird sich, vor allem in Zukunft, darob noch heftig wundern. Die Marktforschung, mit ihrem Gesetz der großen Zahl, verleitet das Management, die Konsumenten als anonyme Masse zu sehen. Andererseits sind dazu unsere professionellen Kritiker der Industrie nur allzuleicht der Meinung, sie sei zuwenig innovationsfreudig. Dabei hat gerade beim Topmanagement in den letzten zehn Jahren ein gewaltiger Umdenkungsprozeß eingesetzt. Das Thema Ökologie etwa bestimmt zunehmend Denken und Handeln der Wirtschaftslenker. Trendforschung sieht sich hier als Vermittlungsinstanz, als Agent für den zukünftigen

Pakt zwischen Produzenten und Konsumenten. Sie tritt zu einem Zeitpunkt in die Manege, zu dem dieses Verhältnis problematischer, aber auch spannender wird. Die Werbung ist an ihre Grenzen gestoßen. Nach ihrer gewaltigen „Kulturisierung" in den Achtzigern herrscht heute Frust. Die Leute vor den Bildschirmen schalten um und ab, unsere feschen Freunde aus der Werbebranche leiden immer stärker unter konservativen Auftraggebern, und die Produzenten verhehlen nicht ihre Unzufriedenheit mit den Resultaten der Kreativen. Auch das neue Zauberwort der Branche, „Kommunikation", hält längst nicht immer alles, was es verspricht.

Diese Situation wird durch politische Rahmenbedingungen noch verschärft. Die Krise der Politik hat gewaltige Ausmaße angenommen, so gewaltige, daß die Industrie Stück um Stück in neue, ungewohnte Rollen hineingezwungen wird. Ihre Distanz zur Gesellschaft wird geringer. Auf dem weiten Feld der Werte, der Moral, der gesellschaftlichen Verantwortung ist sie heute weitaus mehr gefordert als jemals zuvor; sie wird hineingezogen in soziale, kulturelle und ökologische Fragestellungen, vor denen sie ehedem Berührungsängste hatte. Etwas salopp ausgedrückt: Die Industrie wird heute auf neue und überraschende Weise vergesellschaftet.

Trendforschung begreift sich als Teil einer kommenden Industriekultur, in der die Differenzen zwischen Konsumenten und Produzenten, Distributoren und PR-Managern nicht mehr im alten Ausmaß existieren. Wir machen keinen Hehl daraus, daß unsere Sympathie und unser Streben ganzheitlichen Konzepten gelten, in denen Märkte nicht länger Schlachtfelder sind, sondern eher so etwas wie Gärten. Wir unterstützen Produkte und Produktionsweisen, die nicht mehr von oben diktiert werden, sondern sich organisch entwickeln – und möchten Entwicklungshelfer sein.

Trendforschung ohne Ethos wird zum Mode-Trallala, zum reinen PR-Zirkus, der allem und jedem noch einen Hip-Charakter verpaßt. Trendforschung, richtig verstanden, hat einen anderen Zweck: Sie hilft, die **Intelligenz** unserer zukünftigen Waren zu erhöhen. Viele Produkte der Zukunft sind deshalb gut, so unsere Prognose, weil sie **nicht** produziert werden. Das muß, wenn nötig, gesagt werden. Auch dazu muß sich Trendforschung die Freiheit nehmen: der Industrie dabei zu helfen, sich von Überflüssigem zu befreien.

WIR UND DIE KOLLEGEN

Trendforschung ist eine relativ junge Wissenschaft. Aber in ihrer kurzen Geschichte hat sie bereits eine Unmenge verschiedener Methoden und Betrachtungsweisen hervorgebracht.

Faith Popcorn, die wir getrost als Mutter der Trendforschung bezeichnen können, hat eine Menge zum Verständnis unserer jungen Zunft beigetragen. Wir sollten allerdings nicht vergessen, daß ihr Unternehmen **Brain Reserve** – die erfolgreichste Trendagentur des Planeten – durch die amerikanische Industriekultur geprägt ist. In Amerika ist der Bürger zuallererst Konsument, denn er definiert einen Großteil seiner Identität durch den Kaufakt. Hierzulande sieht sich der Konsument vornehmlich als Kulturbürger.

Diese unterschiedlichen Menschenbilder spiegeln sich im unterschiedlichen Stil der Trendforschung wider: In Japan ist Trendforschung ein innovationsorientierter Appendix der Konsumgüterindustrie, sie dient praktisch ausschließlich dem schnelleren Flow verrückter Konsumideen. In Paris, wo es mehrere sehr einflußreiche Trendagenturen gibt, prägt die Kultur der Mode das Geschäft: **Promostyl** zum Beispiel arbeitet fast ausschließlich für die großen Modeketten, auch **Trend Union** (mit **Lidewij Edelkoort**, einer der brillantesten Trendfrauen, an der Spitze) pflegt die typisch französische Mixtur aus Trend**forschung** und Trend**kreation** – die Kollegen dort nehmen nicht nur wahr, welche Stilformen sich in der Gesellschaft entwickeln, sie formen auch ganz bewußt Trends.

Und in Deutschland? Hier, wo das Wort Trend immer noch auf die bereits genannten Ressentiments stößt, herrscht beim zweiten Hinsehen eine erstaunliche Vielfalt im Trendsektor. **Sinus** mit seinen Lebenswelttheorien, die Münchner **Avantgarde** und **Häberlein & Maurer** mit ihren frischen Marketing- und Trendideen, **Dr. Armin Ziegler** mit seinem wackeren Trendletter und der ewig provokative **Gerd Gerken** markieren die breite Skala des Möglichen. Aber auch manche Zeitschriftenredaktionen leisten erstklassige Arbeit in unserer jungen Disziplin, und eine Menge kleiner, mobiler Kreativteams im PR- und Kommunikationssektor sind offen und sensibel für die Impulse der Trendforschung.

Trendbüro, das ich im Jahre 1992 mit meinen Kollegen Prof. Peter Wippermann, Jürgen Kaffer und Peter Kabel gegründet habe, begreift sich als offenes System, und bei aller möglichen Konkurrenz muß Trendforschung doch jene Art von Vernetzung vorausnehmen, die unsere kommende Industriekultur prägen wird. Die Zeit, in der Geheimniskrämerei das Geschäft beförderte, ist vorbei. Der freie Fluß, der Austausch von Ideen, ist Teil jener „systemischen“ Philosophie, der sich die Trendfoschung verpflichtet fühlt.

Die zwölf Großthesen, die nun folgen, markieren ein Grundraster unserer Arbeit. Diese – wie wir meinen grundlegenden – Shifts in der Gesellschaft verfolgen wir ständig weiter. Neue werden in den nächsten Jahren hinzukommen, ein Teil der alten verblassen.

Hamburg, im Herbst 1993
Matthias Horx

REZESSIONSKULTUR

Wie die Wirtschaftskrise mit einem „zweiten Wertewandel“ unsere Werte, Waren und Gewohnheiten verändert und warum diese Veränderungen keineswegs nur Eintagsfliegen sein werden.

Eine Gesellschaft entwickelt ein Wertesystem, das ihren materiellen Möglichkeiten entspricht. Mit diesem schlichten Satz lassen sich viele scheinbar komplizierte soziale Phänomene erklären. Wäre denn die Emanzipation möglich gewesen ohne die steigenden Chancen der Frauen auf ein eigenes Einkommen? Wäre der Generationskonflikt in den Sechzigern in dieser Härte ausgebrochen, wenn Reformpolitik und ökonomische Prosperität nicht jedem Jugendlichen, der sein Elternhaus verließ, auch die Möglichkeit auf eine erschwingliche Wohnung und ein halbwegs autonomes Überleben in den Großstädten gegeben hätten?

Das Sein bestimmt das Bewußtsein – was der gute alte Marx da gesagt hat, gilt heute vielleicht noch mehr denn je. Die Ökonomie hat einen fundamentalen Einfluß auf unsere Moden und Gebräuche, wie etwa das Beispiel des **Minirocks** zeigt, dessen polygame Botschaft immer besonders deutlich in konjunkturellen Hochphasen zu vernehmen ist. Hinter uns liegt eine Phase beispielloser Prosperität, einer Prosperität,

Minirock

„Um einen kurzen Rock zu tragen, braucht eine Frau das Gefühl von Sicherheit. Sie muß selbstbewußt sein. Aber ihr Selbstwertgefühl gerät ins Wanken, wenn es allgemein kriselt. Dann steigt das Schutzbedürfnis.“ *Petra*

Civil society

Die Grundannahme dieses Gesellschaftsverständnisses war, daß a) alle Konflikte sich im „Diskurs" regeln ließen und daß b) unangenehme Dinge wie Armut und Elend über kurz oder lang verschwinden würden.

die sich nicht nur durch rein quantitative Faktoren wie vier Prozent Wachstum ausdrückte. Die Identität der deutschen Gesellschaft war und ist stärker als die aller anderen westlichen Demokratien an das Wirtschaftswachstum gekoppelt, auch an die wachsenden Freiräume, die uns der Wohlstand im Privaten, in den familiären Beziehungen, in den räumlichen Bedingungen unseres Lebens ließ. Und um so mehr sind wir nun, da sich das Ende dieser Prosperitätsphase abzeichnet, verunsichert und verängstigt. Ist unsere Wohlstandsgesellschaft mit ihren relativ geregelten Konflikten, diese **Civil society** der achtziger Jahre, nun in Gefahr?

In England und Frankreich leidet man weniger an Identitätskrisen, wenn die Vermehrung des Wohlstands ins Stocken gerät. Humor und Eigendistanz, eine gewisse „stoische Kultur" und gewachsene, von der Ökonomie unabhängige nationale Eigenschaften wirken als Puffer. Aber hierzulande? Rezession beginnt in den Köpfen. Sie ist eine Erwartungshaltung. Sie macht nervös. Bevor der erste Schuß gefallen ist, erhebt sich in unserem Lande bereits das Geschrei: Die Rezession kommt!

Jetzt ist sie da.

DAS ENDE DER LUXUSÄRA

Fast ist man es schon leid, immer wieder in die so grundsätzlich anderen Achtziger zu verweisen. Aber erinnern wir uns noch einmal: Die Achtziger, das war tatsächlich das Jahrzehnt, in dem große Teile der Mittelschicht nach den Trauben der Reichen griffen. Herr Schmidt von nebenan lernte statt Bratkartoffeln den Lachs schätzen, Champagnerbatterien hielten Einzug in die Kühlschränke des Mittelstands, eine schier endlose Spirale aus Luxuskonsumtion trieb die Wohlstandsspirale in die Höhe. Das italienische Buffet, das französische Sechsgängemenü, ein Herrenhemd für siebenhundert Mark, der edle Tropfen aus Frankreich – der Genuß eines jeden dieser Konsumgüter galt als stilvoll, ja war kulturell positiv aufgeladen. Luxuskonsum verlor für eine kurze historische Phase den Hautgout von Verschwendung, von moralisch zweifelhafter Wertvernichtung. Die alte, kalvinistisch geprägte Zivilisationskritik, die in Deutschland von links bis rechts stets gegen jede Form des Genusses ihr gestrenges Wort erhoben hatte, verhallte ungehört. Genuß war Konsens. Nicht zuletzt auch deshalb, weil die Linken, die Zivilisationskritischen, die Genußethik und ihre systemfeindlichen Implikationen entdeckten. Trotz der Attacken, die *Spiegel* und *stern* in den letzten Jahren der Achtziger gegen den „Luxuswahn" ritten, sein Siegeszug war nicht aufzuhalten. Der moderne **Hedonismus** bot dem Bewohner der achtziger Jahre ein Werteset, in dem man Genuß mit Kultur, Schlemmerei mit Stil, ja sogar Rebellion mit Völlerei verbinden konnte. Gegen die genußunfähigen, sparwütigen Spießer der Wirtschaftswunderära setzte man ein lukullisches Lebenskonzept, wider die Leistungs- und Pflichtmoral propagierte man die Dreieinigkeit von Genuß, Selbstverwirklichung und Stil. Ich habe in den späten Achtzi-

Hedonismus
In der Antike begründete philosophische Lehre, nach welcher das höchste ethische Prinzip das Streben nach Sinneslust und Genuß ist. *Duden*

gern einmal von der **Weißweinfraktion** als neuer Kulturelite geschrieben. Die These war im Grunde einfach: Ein städtisches Bürgertum, das sich aus den Stilmustern der Emanzipations- und Revoltebewegung der Siebziger ebenso bediente wie aus dem Hedonismus der Achtziger, hatte die kulturelle Schlüsselrolle übernommen; es war eine Schicht, die die tradierten Barrieren zwischen Arm und Reich niederriß, denn erstmals in der deutschen Geschichte rekrutierte sie sich nicht mehr aus dem alten Besitzbürgertum.

Diese Kulturelite, deren harter Kern in den Modernisierungen der späten Sechziger und frühen Siebziger entstand, interessierte sich nicht mehr in erster Linie für Rigoletto und Wagner, sie war kosmopolitisch, intellektuell, liberal, weniger statusbetont. Ihr Hedonismus diente weniger dem Konsum als der sozialen Qualität; man wollte, während man mit guten Freunden grundsätzlich trockenen Weißwein trank, weniger über Börsenkurse als vielmehr über Beziehungsprobleme oder Literatur reden.

Weißwein-fraktion

Kleiner Test, der die Frage beantworten kann, ob Sie tatsächlich dazugehören: Welcher Weißwein wird in der „Fraktion" bevorzugt (1993)?

a) Frankenwein
b) Pinot Grigio
c) Frascati

Die Reaktion auf dieses kleine Traktat war fulminant. Sie reichte von enthusiastischer Zustimmung bis zu Haß. Für die Erbosten bestand der eigentliche Skandal darin, daß die alten Fronten zwischen Genuß und Moral, zwischen Ideologie und Schicht nicht mehr gelten sollten. Aber gerade in dieser Auflösung der Fronten bestand die eigentliche Qualität der Achtziger.

Und heute? Der trockene Weißwein erfüllt nach wie vor seine „soziale Zeigerfunktion". Aber seit dem zweiten Halbjahr des Jahres 1992 fällt der Champagnerum-

Auflösung: b) Pinot Grigio

satz rapide (um fast ein Drittel bis zum Frühjahr 1993). Unternehmen, die Luxusautos wie **Porsche** und Luxusuhren wie Rolex produzieren, kämpfen mit Absatzschwierigkeiten, auf allen Modemessen der Welt klagen die Luxuscouturiers über die Krise ihres Gewerbes. Aber es sind nicht nur Einbrüche an der Spitze, es sind vor allem die kleinen, alltagskulturellen Zeichen, die den Beginn des Paradigmenwechsels auf breiterer Front ankündigen.

Da geht man, wie jedes Jahr, zur Party beim befreundeten Ehepaar in einem wohlanständigen Viertel der Stadt – und plötzlich findet man statt der ausgetüftelten italienischen Köstlichkeiten Würstchen mit Kartoffelsalat am kalten Buffet. Da wird es im Kino bei der Werbung seltsam still, wenn schöne, reiche Menschen in Limousinen vorfahren.

WIEDERKEHR DER ARMUT

Die Kultur der Siebziger war eine Gesinnungs- und Ideologiekultur; mehr als um alles andere ging es um die richtige Meinung, das richtige Lager. In den Achtzigern lebten wir unter der Glasglocke eines schier endlos scheinenden Aufschwungs; jeder, der Kritik übte, kam in die Talk-Show oder durfte eine nette kleine kreative Firma aufmachen und seine rebellischen Ideen an die Industrie verkaufen. Es war viel Platz im Wohlstand, und jeder Topf fand irgendwann sein Deckelchen. Die Jahrzehntwende zu den Neunzigern signalisiert hingegen den Einbruch der Wirklichkeit in die deutsche Gesellschaft. Die Armut Osteuropas, ja der

Porsche

Zulassungen im Jahre
1991: 6297
1992: 4706

ganzen Welt ist in den letzten Jahren bedrohlich nähergerückt. Der Krieg auf dem Balkan, die Flüchtlinge aus den Elendsländern, die eskalierenden Katastrophen Afrikas – das ist nicht mehr nur ein abstrakter Gedanke oder eine Ableitung aus dem Antiimperialismusseminar. Eine Grundstimmung besagt, daß es „so mit unserem Luxus nicht weitergehen kann“. Die alten Abschottungsmechanismen, mit denen wir unseren Wohlstand gegen Anfechtungen verteidigen, funktionieren immer schlechter. Auf den Punkt bringt diese Haltung ein Zitat des Designers Peter Zec in einer Beilage der Zeitschrift *Architektur und Wohnen*: „Allmählich wird es auch peinlich, beobachten zu müssen, wie ein bessergestellter Teil der Menschheit nach immer großzügigeren und verschwenderischen Wohnräumen trachtet, während immer mehr Menschen in unserer unmittelbaren Nähe Mühe haben, überhaupt ein Dach über dem Kopf zu finden. Krieg im ehemaligen Jugoslawien, wirtschaftlicher Notstand im Osten Europas, erschreckende Bilder aus Somalia verpflichten uns alle, die wir gerade einmal davon träumten, ob nicht doch noch ein teurer Designersessel oder das schnittigere Auto im neuen Jahr her muß, zur unbedingten Nachdenklichkeit und zum Verzicht.“

Das ist der erste Effekt des Wandels zur Rezessionskultur: Luxus bekommt einen schlechten Geschmack. Er gerät aus der Mode. Man meidet ihn jetzt eher, womöglich gar nicht so sehr aus schlechtem Gewissen, sondern weil er als zukünftiger Verlierer gilt. Er muß sich, das spürt man, einbunkern, um zu überle-

„Die Welt ist im Umbruch – die Werte vergangener Jahre werden in Frage gestellt. Der Mensch besinnt sich auf das Wesentliche: Verläßlichkeit, Sicherheit, Beständigkeit.“ (Aus einer Werbung der Volkswagen AG)

ben. Er ist nicht mehr auf der Gewinnerstraße. Dies macht sich nicht nur, aber auch an Waren fest, die noch vor kurzem geradezu Kultcharakter hatten, an denen nun plötzlich aber eine Art Kadavergeruch haftet. Die Mercedes-S-Klasse ist ein gutes Beispiel. Es mag ein schönes Auto sein, sogar ein ökologisch vernünftiges Auto, recycelbar, mit mäßigem Verbrauch für diese Klasse. Aber die PR-Abteilung von Mercedes-Benz kann diese Botschaft millionenmal wiederholen – sie bekommt das Image des Gefährtes nicht mehr in den Griff. Die S-Klasse ist eine Art mentaler Negativfetisch geworden, aufgeladen mit kollektiven Ängsten und Projektionen, ein Symbol für **dinosaurierhaftes** Überformat, für unser schlechtes Gewissen und unsere Schuldgefühle. Wenn ein schwarzer S-Klasse-Mercedes auf der Straße auftaucht, richten sich alle Blicke auf ihn, und man kann in diesen Blicken lesen: zu groß, zu spät – ein Symbol des Niedergangs.

Rezessionskultur: Das bedeutet auch eine gewisse Müdigkeit im Herzen unserer Gesellschaft. Zuviel Schlemmerei, zuviel schlechten Sex, zuviel Neues, Unerhörtes haben wir uns zugemutet in der Vergangenheit. Jetzt ist uns irgendwie übel. Jetzt brauchen wir eine Entschlackungskur.

In diesem Grundgefühl manifestiert sich nicht nur eine Reaktion auf die beginnende Rezession, sondern auch ihre Vorbereitung. Rezession ist – wie Wirtschaftswachstum – ein äußerst komplexer, tausendfach rückgekoppelter Prozeß. Vereinfacht: Wenn Wachstum im kollektiven Einverständnis etwas Lohnenswertes,

dinosaurierhaft

In diesem Zusammenhang ist auch die momentane „Dino-Welle" interessant. Dinosaurier sind groß, mächtig und ziemlich tot. Das macht sie derzeit zu alltagskulturellen Fetischfiguren. Sie stehen für unsere „Aussterbensängste".

„Und dies ist das Grundgefühl der neunziger Jahre: Überall ist viel zuviel. Zuviel Hunger, zu viele EG-Tomaten, zu viele Leute. Der reale Raum ist voll, immer enger bepackt mit Menschen, Material, Autos, Stellwänden, Zeug. Überall ist England". (Peter Glaser in *TEMPO*)

Erstrebenswertes ist, wird die Gesellschaft auch ökonomisches Wachstum produzieren. Mitte der Neunziger jedoch hat unsere hochindustrialisierte Gesellschaft ihre innere Utopie verloren – und damit auch den entscheidenden Motor ökonomischen Wachstums.

DOWNTRADING

Was aber boomt in rezessiven Zeiten? Welche Überlebensstrategien haben Konjunktur? Welche Stilformen entwickeln sich, die überdauern, vielleicht sogar Neues zeugen können?

Zunächst boomt alles Billige. Privates Warenrecycling gewinnt an Gewicht, eine allgemeineVerflohmarktung setzt ein. Wir können diesen Effekt bereits heute am Erfolg der Kleinanzeigen- und **Gebrauchtwaren-Postillen** sehen, im Trend zu Secondhandläden, die nun auch Designermode führen, bis hin zu Erscheinungen wie den riesigen Tausch- und Dealmärkten an der polnischen Grenze, die inzwischen Volksfesten ähneln und für die selbst brave Kleinbürger über Hunderte von Kilometern anreisen. Dieser Trend ist offensichtlich im Aufschwung der Pfandleihhäuser in deutschen Großstädten und sogar auf dem Dienstleistungssektor sichtbar: Die Mitfahr- und Mitwohnzentralen etwa, die zunehmend professioneller werden und heute computergestützt „Sekundärnutzen" vertreiben, sind klassische Vorboten der Rezessionskultur.

Gebrauchtes, Geteiltes, Wiederverwertetes. Auch auf indirektes Einsparen sollte man sein Augenmerk richten. Der Versandhandel etwa boomt nicht nur, weil

Gebrauchtwaren-Postillen

In Amerika erlebte die Zeitschrift *Tight Wad Gazette* einen unerwarteten Erfolg. Das von einem ganz normalen Middle-class-Ehepaar herausgegebene hektographierte Blatt hat inzwischen eine Abonnementsauflage von 80.000. Thema: Wie spare ich? Wie mache ich z.B. aus Altpapier Klopapier und aus Blechdosen hübsche Blumenvasen, und wo kann ich billig einkaufen?

die Menschen es zunehmend leid sind, mit den Autos in die verstopften Innenstädte zu fahren oder sich durch die Selbstbedienungs-Megamärkte an den Stadträndern zu schlagen, um Sonderangebote zu erhaschen. Es ist die generelle Einsparung von Ressourcen und Kosten, die den Postboten als Zuträger fördert – das Auto ist teuer, Zeit ist knapp, ob die „Beute" dem Aufwand entspricht, ist fraglich, man hat Besseres zu tun, als die große Konsumschlacht zu schlagen. Und Einkaufen hat plötzlich seinen „erotischen Charakter" verloren.

Im Billigsektor boomt vieles, aber nicht unter allen Voraussetzungen und in allen Sektoren. Billigfernseher etwa setzten sich weit weniger durch als erwartet. Warum? Der Fernseher ist, gerade in Rezessionszeiten, mehr als ein Gebrauchsgegenstand, er ist ein Altar, ein Fetisch. Die Kaufhauskette Woolworth, stets zuständig für die niedrigeren Einkommensschichten, kämpft nach wie vor mit Absatzproblemen. Denn wer über knappere Geldmittel verfügt, will dies nicht auch noch beim Einkauf spüren müssen.

Der Trick ist also Billigkeit, die den Geruch der Ärmlichkeit vermeidet. Die Megamärkte am Stadtrand dürften sich, wollen sie überleben, in Richtung auf die amerikanische Warenhauskette Wal-Mart entwickeln. Bei Wal-Mart hat man die Zeichen der Zeit erkannt und eine Kombination aus dauerhaften Sonderangeboten und einer freundlichen, auch Kinder ansprechenden Jahrmarktsatmosphäre entwickelt, die viel vom anonymen Schrecken solcher Großsupermärkte nimmt. Hier wird „Rezessionskonsumenten“ das Gefühl gegeben, daß sie ernst genommen werden. Am Eingang wird der Kunde von einem freundlichen älteren Herrn mit Luftballons und persönlichem Handschlag begrüßt. Umsatzsteigerung im letzten Jahr: über 200 Prozent.

No names
Handelsmarke im Billigsektor, die auf Reduktion der Ware auf den Produktkern setzt.

Schließlich und endlich ist die Rezession auch immer die Stunde der Krise der klassischen Marken. Es dauert eine Weile, bis Konsumenten sich von ihren traditionellen Markenbindungen lösen, aber der Zeitpunkt kommt, an dem das Qualitätsversprechen brüchig wird und die Loyalität schwindet. In Amerika kämpfen die großen Brands heute gegen eine neue Generation billiger Anbieter. Hier werden in den nächsten Jahren wahre Konsumschlachten geschlagen werden. Die Rezessionskultur bringt die Idee der **No names** wieder ganz nach vorne, die zu Beginn der Achtziger im rasch wieder anziehenden Wirtschaftswachstum in Vergessenheit geriet. Aber „Weiße Ware“ wird in den Neunzigern noch etwas anderes bedeuten als „Aldisierung“. Rezessionskultur ist eben mehr als Mangel an Geld. Der Verbraucher möchte sich nicht „abspeisen“ lassen mit Billigware. Er sucht nach einer neuen Melange, die ihm die Möglichkeit gibt, das Weniger in eine positive Haltung umzuformulieren.

RECESSION HIPNESS

Das Bedürfnis nach Luxus hört in der Rezession nicht einfach auf zu existieren. Im Gegenteil: Da man sich weniger leisten kann, wird die Sehnsucht größer. Der Überdruß weicht einer nervösen, durchaus auch lustvollen Spannung. Man wird wählerischer. Produkte werden noch „erotischer" besetzt als in Prosperitätszeiten. Man schleicht, statt spontan drauflos zukaufen, wie die Katze um den heißen Brei. Teure Dinge werden nie so intensiv begutachtet und von Konsumenten auf Qualität hin geprüft wie in rezessiven Perioden. Die veränderten Raster des Konsumenten lassen sich auf wenige Formeln bringen, die scheinbar banal klingen, in Wahrheit aber das Geheimnis jedes wirtschaftlichen Erfolgs in Rezessionszeiten bergen. Erstens lautet die Devise „Weniger ist mehr" (Lessness). Zweitens schult uns die Rezession im „Doppelnutzen". Bedürfnisse, deren Befriedigung sich früher in zwei oder drei Dienstleistungen oder Produkte aufsplitten ließ, müssen jetzt kombiniert sein. Früher konnte man sich einen praktischen Korkenzieher und einen ästhetisch schönen (fürs Angeben bei der Party) leisten, heute müssen beide Geräte verschmelzen. Der dritte Trend, den Rezessionen fördern, ist der Hang zur Reduzierung. Der Konsument fragt **hartnäckiger** als früher: Brauche ich das wirklich? Alles, was den Ruch der Überflüssigkeit hat, verschwindet im Orkus des Vergessens. Und alles, was das Signum des Reellen trägt, gewinnt. The real stuff – Rezessionskultur heißt, daß Verbraucher den Produkten „unter die Haube schauen".

Hartnäckigkeit

Besonders im Einzelhandel ist heute bereits der Vigilant consumer zu bemerken. Der Konsument wird garstig und stellt immer höhere Ansprüche – auch das ist Anzeichen für Rezessionskultur. Wenn schon weniger Geld zum Ausgeben, dann soll auch alles perfekt sein.

RECESSION FASHION

Ende des Jahres 1992, im Weihnachtsgeschäft, klagten ansonsten prosperierende Boutiquen in den deutschen Innenstädten plötzlich über einen geheimnisvollen „Nasendrückeffekt". Frauen aus den besseren Einkommensschichten zogen wie jedes Jahr prüfend und suchend durch die Verkaufsräume, drückten ihre Nasen an den Schaufensterscheiben platt – aber sie kauften nicht mehr. Sie schauten, fühlten, probierten an – und verließen dann den Laden mit dem Kommentar: „Eigentlich habe ich ja zu Hause schon einen ganzen Schrank voll Kleider."

Diese Kaufverweigerung, dieses Augen-Shopping, hatte auch mit der politischen Unsicherheit jener Tage zu tun – es war der Winter der Attentate auf Ausländer; kurz zuvor waren in Mölln drei türkische Bürgerinnen bei lebendigem Leibe verbrannt.

Das Beispiel zeigt darüber hinaus, wie sich kollektive Übereinkünfte einem Lauffeuer gleich ausbreiten und ganze Sparten, wenn sie nicht darauf vorbereitet sind, in die Bredouille bringen.

Besonders trifft dies auf die Modebranche zu. Da in der Mode mit der bloßen Veränderung von Stilen wenig zu machen ist – alles ist bereits dagewesen, jeder noch so kleine Trend ist längst ausprobiert und in den Läden zu haben –, müssen wir unser Augenmerk auf die „Suprasprache" der Mode richten. Rezessive Zeiten sind Zeiten des **Revivalismus**. Wie die gesamte Kultur ist das Lebensgefühl eher in die Vergangenheit gerichtet; Nostalgie ist stärker als Vision, Pessimismus größer als Optimismus. Die Flucht ins Altbekannte ist unausweichlich. Und den Unsicherheiten über die Zukunft begegnet man gerne mit kleinen und großen Fluchten, mit Romantik- und Geborgenheitsästhetik.

Revivalismus

Zwanghafte Anbindung von Modeströmungen an alte Zeiten. Die Idee, daß es etwas Neues geben kann, wird fallengelassen. Die Phasen der jeweiligen Comebacks werden immer kürzer. Zum Schluß folgt eine Art „Stilflimmern" – der Stil und sein Comeback erfolgen praktisch gleichzeitig.

Kein Wunder also, daß das alles beherrschende Thema der Modewelt ein schlichtes Hippie-Revival ist. Die Sechziger, die Siebziger, Hosen mit Schlag, Blumen im Haar und auf der Bluse, der verträumte Blick, die schwarzen Wimpern – zurück in die Nebel der frühen Popära, zurück in die naive Unschuld der Blumenkinder. Ein Nebenzweig ist der **Grunge**-Look. Grunge ist wilde, verzweifelte Hippie-Romantik mit Punk-Elementen und einer witzigen, trotzigen Möchtegernbosheit, auf der Ebene der Mode eine Art Hillbilly-Schlampenlook, eine Mixtur aus Omalook, Flohmarkt und teuren, geblümten Seidenstoffen.

Der Vorteil eines solchen „Schlampen-Eklektizismus" liegt in seiner beliebigen Kombinierbarkeit: Teure Einzelstücke, von den Designern geadelt, kann man mit Fetzen zusammenstellen, die man vor zwanzig Jahren auf dem Dach verstaut, von der Mutter geerbt oder sich mit bescheidenen Mitteln selber genäht hat. Up- und Downtrading greifen so ineinander; was im eigentlichen Sinne teuer ist, ist nicht mehr genau auszumachen. Das Diktat des „Durchgestylten", des „Stimmigen" wird zugunsten einer „thematisierten Beliebigkeit" fallengelassen. Eklektizismus wird zum Prinzip. So wird, als eine Art Nebeneffekt, Mode demokratisiert. Und die Designer verlieren die Macht über das Geschehen. Das eröffnet Newcomern neue Chancen. Da wäre der Erfolg des Lamine Koujante aus Paris zu nennen. Unter dem Pseudonym Xuly produziert der Dreißigjährige typische Rezessionsmode: Er kauft Billigware in Ramschläden und verfremdet sie.

Grunge

Dieser Stil stammt ursprünglich aus der nordamerikanischen Stadt Seattle; er war nicht zuletzt eine Antwort auf den Glitzer und Glamour des „L.A. Style" und der Yuppie-Ästhetik.

RECESSION FOOD

Kaum eine Sparte kann den Werte- und Stilwandel zur Rezessionskultur besser verdeutlichen als die Eßkultur. Die Zelebrierung des Essens als **Zeremonie des Reichtums** nahm in den Achtzigern bisweilen absurde Züge an – Schneckeneier an pochierten Hochlandspargeln. Restaurantchefs und schreibende Gourmets wurden in den Status von Kultgestalten erhoben. So wie man früher den Pfarrer kennen mußte, um im Dorf etwas zu gelten, so kannte man nun den Koch. So wie früher die Kenntnis der Bibel Anerkennung versprach, war es nun die Kenntnis von Weinjahrgängen.

Zeremonie des Reichtums

Äußerste Konsequenz ist hier Wodarz' „panem et circenses“: dinieren als Inszenierung, ironisch gebrochene Opulenz.

Die Krise der Gourmetküche ist unübersehbar. Nicht weil auch mal ein Koch heute Koks nimmt, um im harten Geschäft zu überleben. Rapide ist der Zerfall der Statussymbolfunktion des Essens. Überall herrscht ein Drang zur Einfachheit, zur Reduzierung und Regionalisierung. Der Begriff des „Reellen“ hat Einzug gehalten in den kulinarischen Diskurs. Und eine Ernüchterung: Hatte das Geköchel und Gekoste, das Servieren kleinster Portionen auf riesigen Tellern, das Geschwätz über die allerkleinsten und aberwitzigsten Geschmacksnuancen nicht auch etwas Lächerliches?

Blicken wir einmal über die Landesgrenzen hinweg. Wo könnte man Erscheinungen der Rezession besser beobachten als in Ländern, die sich bereits seit Jahren in wirtschaftlichen Stagnationsprozessen befinden? London etwa – die Hauptstadt der Trends und der Jugendkultur – war häufig schon ein Seismograf für Veränderungen des alltäglichen Lebensstils. London war immer schon eine arme Stadt, aber dies brachte die vitale Kultur der jungen Londoner seltsamerweise nicht zum Aufgeben, sondern zu um so größerer Kreativität.

Beispiel Gastronomie. In der Streatham Street befindet sich das Restaurant „Wagamama“. Drei Etagen mit jeweils unterschiedlichen Preisklassen, in der billigsten kostet das Durchschnittsgericht um acht, in der teuersten um zwanzig Mark. Ein Fast-food-Restaurant? Könnte man meinen, wenn man die Schnelligkeit des Service sieht, die langen Sitzbänke, die Kleincomputer an den Gürteln des Personals. Aber das Essen ist anders: frische Salate, Tofu, eine leichte Küche ohne jeden Schnörkel. Die blankgescheuerten Tische haben einen japanischen Einschlag, die Bedienung erinnert an asketische Mönche.

Solche Edel-schlicht-Restaurants, die die Fast-food-Idee ökologisch, moralisch und ästhetisch aufrüsten, breiten sich derzeit in allen westlichen Großstädten aus. Hier erhält Schlichtheit auf einmal eine Art Luxuskoeffizient. Manche dieser Ambiente spielen mit dem Thema „neue Rustikalität“, andere mit reduziertem Technolook. Man könnte dieses Phänomen den „Loft-Effekt“ nennen: Wie die industriellen Lofts den darin Wohnenden kulturell adeln, ihm die Aura des Künstlerischen verleihen, so können kantige Rauhheit, industrielle Billigkeit und Betonästhetik in rezessiven Zeiten Sogwirkung erzeugen.

An dieser Stelle lassen sich auch scharfe Grenzen zwischen den Jahrzehnten ziehen: Ein typisches „brummendes“ Großstadtrestaurant mußte in den Achtzigern eher nach „Neon“ oder „Luxus“ oder „Marmor“ riechen (eine Ausnahme bildete hier stets Berlin).

Heute werden billigste Flohmarktstühle um rohe Holztische auf nackten Betonfußboden gestellt, es gibt fünf Gerichte, die Wände sind mit Kalkfarbe getüncht – und plötzlich ist der Laden voll mit gutverdienenden Dienstleistern. Da dominieren roher Stahl und allerschlichtestes Holz, die Küche ist offen und von allen Seiten einsehbar, Tischreservierungen werden nicht entgegengenommen, das teuerste Hauptgericht kostet 18,50 Mark. Da befindet sich ein First-class-Restaurant in einem scheußlichen Fünfziger-Jahre-Silo, die Fußböden sind aus Alt-Terrazzo, die Decken niedrig – und das Etablissement ist proppenvoll mit der Kulturelite der Stadt.

RECESSION DESIGN

Rohes und Rostiges aus Stahl: Garderoben, Kerzenständer, ganze Badezimmereinrichtungen aus Schrott. Es fehlt nur noch die Renaissance der Apfelsinenkiste. Doch während die Stahl-und-Beton-Ästhetik mit einem Bein auf dem Design der Achtziger fußt, setzt Recession design eher auf Elemente des Recyclings. **Compost modernism** setzt sich durch. Das Grobe, Rauhe des recycelten Papiers beherrscht die Ästhetik des Designs, Stühle wirken wie aus rohem Holz gehauen, Kerzenständer bestehen aus grobgeschnitzten Ästen, und sogar, geschreddertes Plastik findet seinen Weg in die Gestaltung unserer Wohnumwelt.

Compost modernism

Auch: Recycle-Stil. Der Amerikaner Michael Reynold etwa baut ganze Häuser aus Gummireifen, Sodakisten und Aluminiumdosen. Das „Atelier Argh“ in Paris vermarktet Möbel aus gepreßten und imprägnierten Altpapier.

Design in der Rezession ist demokratischer als im Boom. Es geht nicht mehr um die teuren Einzelstücke, deren Fotos man so gerne in Wohnzeitschriften anschaut. Zitate, billige Materialien feiern Triumphe – die Pappmöbel, einst als „Gimmicks" belächelt, haben sich heute einen Stammplatz im Jugendlichenzimmer erobert. Designer müssen, wollen sie Erfolg haben, aus ihren goldenen Türmen herauskommen. Der Siegeszug des Philippe Starck ist ein gutes Beispiel für das billige, demokratische Design. Der französische Pfiffikus, ein typischer „Post-Postmodernist", legt seine Hocker, Käsereiben, Stühle, Tische und phallusförmigen Wandlampen immer auf hohen Auflagen aus. Fast jeder kann sie sich leisten. Design-Ikea?

DIE NEUEN NOMADEN

Wie aber steht es mit Errungenschaften, die in den letzten Jahrzehnten zu selbstverständlichen Kulturgütern geworden sind? Die stärksten Unterschiede zu der noch heilen Welt der Achtziger zeichnen sich auf dem Feld der Mobilität ab. Bis weit in die achtziger Jahre hinein war es für die Altersschicht der 18- bis 35jährigen relativ einfach, sich beruflich und örtlich zu verändern. Ein lukrativer Job in einer anderen Stadt, eine **WG** zu zweit, zu dritt, zu fünft, mal vorübergehend hier wohnen, um dann zurückzukehren – kein Problem. Unsere gesamte Kultur war geprägt von diesem permanenten Prozeß der Unruhe, der immer auch kultureller Austausch war, zu Kreativität führte, neues Blut in die Städte brachte.

Wohngemeinschaft

Einige Anzeichen für das Comeback dieser alternativen Lebensform vagabundieren derzeit im Diskurs. So bringen Zeitschriften plötzlich wieder Artikel über die „WGs von heute", und im Feuilleton findet eine Debatte über „Kommunitarismus" statt – über die Frage, wie in der modernen Gesellschaft „das Soziale" neu organisiert werden kann.

Dieser Mobilitätsprozeß verläuft heute widersprüchlich, ja gegenläufig. Auf der einen Seite existiert eine wachsende Grauzone an „halbwohnungslosen" Menschen, die in **Wohnwagensiedlungen** am Rand der Großstädte und in aufgelassenen Fabrikgebäuden hausen, vorübergehend mal hier, mal da bei Freunden (oder wieder bei den Eltern) auftauchen. Konterkariert werden diese „Armutsnomaden" durch eine zunehmende Zahl von Menschen, die in ihren Wohnverhältnissen geradezu festsitzen: Sie möchten gerne umziehen, haben vielleicht sogar einen neuen Job angeboten bekommen, können sich aber den Umzug nicht leisten. So bleiben junge Leute, die noch vor zehn Jahren mit viel Hoffnung und Energie in die großen Städte aufgebrochen wären, in ihren Provinzstädten hängen, kommen bei Freunden unter oder verlassen das Elternhaus nicht. Kulturelle Verarmung ist die Folge, provinzieller Mief breitet sich auch in den Großstädten aus.

Wohnwagensiedlungen

„Rollheimer" nennt sich in Berlin ein neuer Indianerstamm, der durch den Boom der Stadt nach der Wiedervereinigung aus den alternativen Ghettos herausgespült wurde und jetzt als modernes fahrendes Volk lebt.

Dazwischen befindet sich eine ebenso wachsende Schicht von „Nomaden neuen Stils", die man auch auf englisch Flathopper nennen könnte. Ihre Mobilitätsbedürfnisse (oder -notwendigkeiten) befriedigen sie durch ein geschicktes Jonglieren mit Erst-, Zweit- und Drittvermietungsverhältnissen. Sie kennen immer aus irgendeinem Zufall einen Freund, der ein Jahr nach Amerika geht und vor zwanzig Jahren eine Sechszimmerwohnung in Berlin gemietet hat – die heute immer noch sehr wenig Miete kostet! Sie kommen bei Leuten unter, die ihre Wohnung, die sie auf keinen Fall aufgeben wollen, untervermieten. Sie reisen viel und auch interkontinental, obwohl ihr Lebensbudget beschränkt ist. Denn es ist bisweilen billiger, ein halbes Jahr nach Mexiko zu verreisen, als sich eine Wohnung suchen zu müssen.

Solche „neuen Mobilitäten“ werden zukünftig mehr und mehr unsere Lebenswelten beherrschen. Spätestens hier greift „Rezessionskultur“ auch in den unmittelbar privaten Bereich ein: „Rezessionsbeziehungen“ werden geprägt durch große Distanzen zum Job, durch Wohnungsnot selbst bei Wohlhabenden. **Reiche Armut** breitet sich aus. Das Paar, das jahrelang getrennt lebt, weil er in Hamburg einen dringend für die Karriere erforderlichen Job hat, dort unter der Woche in einem Einzimmerappartement im ehemaligen Arbeiterviertel Altona lebt, obwohl er eine gutverdienende Führungskraft ist – die „Stammwohnung“ in München ist so preiswert, daß man sie auf keinen Fall aufgeben will –, ist verbreiteter, als man denkt. Das schlägt sich auch auf die Qualität von Beziehungen nieder. Sie werden brüchiger, aber auch romantischer, erotischer, aber auch gefährdeter.

Ein virtuellerer Lebensstil entwickelt sich da, ein Lebensstil auf Abbruch und Zeit, ein auf Distanz und Vergänglichkeit ausgerichtetes Lebensgefühl. Die zusammenklappbare Küche, der Zeltschrank, das Futon, all das sind Erscheinungen der verschärften Mobilität, eines fragmentarischen Puzzle-Lebensstils, der langsam, aber unaufhörlich auch in die Realität „ganz normaler Leute“ eindringt. Wer also erfindet uns den ausklappbaren Großfernseher, den neuen, formschöneren

Reiche Armut

Im Frühjahr 1993 rechnete das *Süddeutsche Magazin* aus, daß ein verheirateter Redakteur mit 8700 DM Einkommen kaum in der Lage ist, in einer Großstadt wie München eine Familie zu ernähren.

aufblasbaren Sessel, das auf Taschenformat herunterfaltbare Aufklappbett (zwei mal zwei Meter!)?

REZESSION UND WERTE

Behalten, was man hat. Auskommen mit dem, was ist. Die Rezession sorgt dafür, daß über einen langsamen, subkutanen Prozeß andere kulturelle Werte wieder Einfluß gewinnen als die expansionistischen der vergangenen Jahre. Sie verändert unsere Kultur tiefliegender, als wir denken, und gerade bei den ideologiesüchtigen Deutschen wird sie, nach einer ersten Panikphase, einen enormen Paradigmenwechsel hervorbringen. Sie hat durchaus auch ihre Vorteile. Erstens kann sich Rezessionskultur relativ leicht mit ökologischem Gedankengut verbinden. Zweitens entlastet sie auch: Armut, Knappheit und Mangel können sich nun zeigen. Wer in den Achtzigern an den Rand gedrängt war, kann nun wieder aufrechten Hauptes sein. Das große Rennen, bei dem am Ende nur wenige mithalten konnten, ist vorbei. An der Philosophie der Knappheit, der Ästhetik des Sparens, können wieder alle mitarbeiten.

Comeback des Boxens

Der Boxsport, lange Jahre in die Bedeutungslosigkeit verbannt, kehrt zurück. „In Zeiten der Rezession ist das Profiboxen wieder gesellschaftsfähig geworden... Abgehalfterte Stars drängen zurück in den Ring, das Fernsehen zahlt Millionen.“ *Spiegel*

PROGNOSE: DIE STRUKTURELLE REZESSION

Wir sind keine Ökonomen. Aber vieles deutet darauf hin, daß das „rhythmische Auf und Ab der Wirtschaft“, mit dem uns die Ökonomen auf einen bald wieder bevorstehenden Aufschwung vertrösten, eine trügerische Hoffnung ist. Seit den goldenen Zeiten des Wirtschaftswunders, des New Deal in Amerika, der florierenden Sozialdemokratien in Nordeuropa, der

Wachstumstriumphe der Sechziger hat sich vieles radikal verändert. So basierte etwa das Wachstum all dieser Episoden auf einem Social contract, bei dem immer breitere Schichten in die Mittelschichten aufstiegen. Die Triumphe der Konsumgesellschaft waren stets mit der Umschichtung von Kaufkraft „in die Masse" begleitet. In allen westlichen Ländern zeichnet sich für die nächsten Dekaden jedoch genau die umgekehrte soziale Dynamik ab: Polarisierung. Die schnellen Modernisierungen der letzten drei Jahrzehnte haben ein Potential an Ungleichzeitigkeiten geschaffen, das immer mehr Menschen aus den Produktionsprozessen aussortiert. Eine polarisierte Gesellschaft jedoch kann kaum prosperieren, wie das Reagan- und das Thatcher-Experiment zeigen, und wenn, dann allenfalls als **Jobless recovery**. Zwar wuchs die amerikanische Wirtschaft in den achtziger Jahren noch, aber nur durch die ungeheuren Staatsinvestitionen in die Rüstung. Der Achtziger-Boom war im Grunde eine Illusion. In Deutschland wurde er durch die Wiedervereinigung noch einmal künstlich verlängert.

Man könnte also behaupten, daß im Grunde seit den siebziger Jahren in der westlichen Welt Rezession herrscht. Die rabiate internationale Konkurrenz, vor allem mit den Fernostländern, macht ein separates „Wirtschaftswunder" heute praktisch unmöglich. Viele der technologisch geprägten Märkte, die in den Glory Sixties noch zu beackern waren, sind aus Gründen der natürlichen Marktsättigung schwergängig geworden: Automobile, Weiße Ware, Flugverkehr, Unterhaltungs-

Jobless recovery

nennt man im angelsächsischen Sprachraum die Konjunkturen der Zukunft. Selbst wenn ökonomisches Wachstum herrscht, schafft dies keine Arbeitsplätze mehr und polarisiert weiter die Gesellschaft.

industrie, bei allen Wachstumslokomotiven der Achtziger zeichnen sich Grenzen ab. Und eine neue „technologische Revolution", die ersetzen könnte, was einst Kohle, Stahl und Öl für den Aufbau der Volkswirtschaften bedeuteten, ist allen Euphorien der Computerindustrie zum Trotz nicht in Sicht.

Gewinner der Zukunft

Folgende Branchen werden laut U.S. Department of Labor in den USA in den nächsten Jahren am meisten gewinnen:

- **Versorgung alter Menschen + 94%**
- **Computerservice + 90%**
- **Gesundheitsservice + 81%**
- **Managementtraining + 76%**
- **Wasser/Sanitär + 62%**

Newsweek

Dazu kommen mentale Veränderungen. Der Leistungswille der Deutschen war lange Jahre viel gerühmt, und bis weit in die Achtziger waren Tugenden wie Fleiß, Disziplin und Präzision tragende Säulen der prosperierenden Wirtschaft. Der Wertewandel der Achtziger hat zu einem breiten Mentalitätswandel geführt, dessen Auswirkungen wir jetzt erst richtig spüren (siehe auch: „Der deutsche Katzenjammer"). Es ist kaum zu erwarten, daß man sich hierzulande plötzlich „am Riemen reißt", wie es heute von konservativen Politikern und Industriellen gefordert wird. (Es ist obendrein die Frage, ob das etwas nützen würde. In der Wirtschaft der Zukunft werden die Faktoren Fleiß und Disziplin eher zu Sekundärtugenden.)

Wir sollten also „Rezessionskultur" durchaus als einen dauerhaften Trend sehen. Nach allem, was wir über Ökologie und Weltökonomie wissen, ist es durchaus möglich, daß die großen Industrienationen des Westens ihren Zenit überschritten haben. Aber man kann die Dinge auch anders sehen als mit Fatalismus: Wer sagt denn, daß Wachstum immer nur ein Segen sein muß? Man muß kein grüner Fundamentalist sein, um eine Atempause im industriellen Wettlauf gutzuheißen. Schon heute graust es uns vor der Vorstellung, daß ein Land wie China denselben industriellen Weg beschreiten könnte wie die westliche Welt. Was also, wenn die Rezession diesmal nichts anderes als der Vorbote einer planetaren Umschichtung ist, in der die westlichen Länder Wirtschaftskraft an andere Regionen des Planeten abgeben? Vielleicht sind die Wirtschaftsmodelle der Zukunft „qualitative Abrüstungsmodelle", in denen wir die schimmernde Wehr unserer Wirtschaftslokomotive in kleinere, beweglichere, humanere, angepaßtere Einheiten zerlegen.

So gesehen ist Rezession eben nicht nur eine Katastrophe, sondern auch eine Hoffnung. Sie ist eine Katharsis, eine Krankheit, aus der Heilung entstehen könnte, wenn wir sie richtig begreifen. Die Kultur, unsere Wertesysteme werden Wege finden, dies zu entdecken und auszudrücken, und die Industriekultur wird, ob sie will oder nicht, diesen Prozeß nachvollziehen müssen. Die Rezession ist wie ein Sieb, in dem alles, was sperrig und unmobil, unhandlich und überkommen ist, hängenbleibt. Im „Sauriersterben", in der Krise der großen Konzerne von Daimler-Benz bis IBM, spüren wir bereits die Notwendigkeit neuer Anpassungsprozesse. Industrieunternehmen, die Rezessionskultur begreifen und in der Seele „annehmen", werden es leichter haben als Firmen, die mit Gewalt rationalisieren. Wie die Individuen, wie unsere Kultur muß die Industrie lernen, die „bedächtige Sprache der Rezession" zu sprechen – eine Sprache, die uns viele Jahre begleiten wird.

Verlierer der Zukunft

Folgende Branchen werden laut U.S. Department of Labor in den USA in den nächsten Jahren am meisten verlieren:

- **Schuhe - 48%**
- **Munition - 42%**
- **Leder - 40%**
- **Landwirtschaftliche Chemikalien - 32%**
- **Tabak - 30%**

Newsweek

ÖKOLOZISMUS

Über die Rituale, mit denen wir die Umwelt „gesundbeten“, die Krise des ökologischen Bewusstseins in den frühen Neunzigern und warum die Umweltfrage schon bald eine Renaissance erleben wird.

Um das Rätsel um diesen merkwürdigen Begriff gleich zu Beginn zu lösen: „Ökolozismus“ ist eine Kombination aus „Ökologie“ und „Katholizismus“. Es ist ein Wort, das man sich merken muß, weil es präzise den Umgang mit der Ökologie in den frühen Neunzigern benennt.

Erinnern wir uns: Die „grüne Frage“ wurde eigentlich erst in den späten Siebzigern zum Thema. Zunächst kümmerte sich nur eine kleine, radikale Minderheit darum, die sich dem Konsumverzicht verschrieben hatte und wacker gegen die Bauzäune der Atomkraftwerke anrannte. Aber Mitte der Achtziger wurde die Ökologie schnell zum General issue. Kein Politiker, kein Philosoph, kein Konzernchef, der nicht Stellung beziehen mußte, keine Talk-Show, keine Radiosendung, in der nicht das Hohelied des grünen Bewußtseins gesungen wurde. Tschernobyl markierte schließlich den Höhepunkt. Nun war jeder, ob reich oder arm, links oder rechts, von den Wolken aus dem

Osten betroffen, nun ging es, im Wortsinn, ans Eingemachte. Die „grüne Frage“ war der große Gleichmacher. Und sie schien das Paradigmensystem der Neunziger zu werden, schien das Zeug dazu zu haben, die Wertesysteme der frühindustriellen Ära komplett abzulösen. Sie bot ein komplettes Weltbild inklusive sozialer Verhaltensmaßregeln, romantischer Moral und Lösung der Sinnfrage. Eine moderne, säkulare Religion. Die Regenbogenkrieger von Greenpeace mit ihren lebensgefährlichen Schlauchbootaktionen im eiskalten Nordmeer, die bußfertigen Einzelgänger, die im Namen der Natur zu Fuß durch die letzten unberührten Lebensräume liefen oder ohne Sauerstoffmaske die Achttausender bestiegen – waren das nicht „ökolozistische Heilige“, die für uns alle stellvertretend den Bußgang antraten?

DIE INDUSTRIELLE REAKTION

Es dauerte dennoch lange, bis die Industrie auf die ökologische Frage reagierte. Ihre ersten Antworten waren eher zögerlich, reine PR-Versuche, Verlegenheiten. Nicht nur der Einzug der Grünen in den Bundestag, anhaltende Demonstrationen und die Bürgerinitiativbewegung waren nötig. Es waren wohl auch die Söhne und Töchter der deutschen Manager, die ihren Vätern unangenehme Fragen stellten. Dies führte Mitte der Achtziger schließlich dazu, daß die ersten „grünen“ Marketingkampagnen ihren Lauf nahmen.

Sie waren von Anfang an ein erstaunlicher Erfolg. Die AEG-Öko-Kampagne etwa, forciert vom Vorstandsvorsitzenden Karl-Heinz Damm, brachte innerhalb kürzester Zeit das Unternehmen, damals eine Pleitefirma, in die Gewinnzone. Es folgte die Debatte um das phosphatfreie Waschmittel und das Recycling-Klopapier. Es dämmerte die hohe Zeit der kreativen Agenturen, deren junge Mitarbeiter, von grünem Gedankengut durchtränkt, clevere Öko-Kampagnen am Fließband ausheckten. Es war die Zeit der Hektik im Management: Man spürte, daß „draußen im Markt" eine Verbraucherwelle rollte, daß unheimliche Mächte in den Köpfen der Konsumenten einen Paradigmenwechsel ankündigten. Jeder wollte an der ökologischen Front der erste sein.

Die Konsequenz war nicht selten **Placebo-Ökologie**, war, sprechen wir das garstige Wort gelassen aus, Etikettenschwindel. Doch die Werbeästhetik änderte sich radikal. Was vorher kraftvoll zupackte, innovativ wirkte, in die glorreiche Zukunft wies, wurde über Nacht sparsam, schonend, mild. Autos, die die typische Achtziger-Jahre-Botschaft transportierten (kantige Männer, schöne Frauen, Turbo satt), fuhren nun durch blühende Wiesen und heilten mit asbestfreien Bremsbelägen die gefährdete Natur. Und nachdem die Waschmittelindustrie – so kam es jedenfalls in der Öffentlichkeit an – mit Zähnen und Klauen für ihr gutes Phosphat gekämpft hatte („Die deutsche Hausfrau will auf Waschkraft nicht verzichten"), gab sie 1986 plötzlich auf und blies die Fanfaren des Umweltschutzes.

Ökolozismus, erster Akt: Das war der Weihrauch der Kampagnen, in deren Nebel die Wirklichkeit ver-

Placebo-Ökologie

Eine großformatige Werbebeilage von Mercedes-Benz kam in vornehmem Recycle-Grau einher. Hinterher stellte sich heraus, daß der 1,5-millionenmal verteilte Katalog aus normalem Papier bestand, auf das eine graue Schicht aufgedruckt war.
Spiegel

schwand, um als ökologisch runderneuertes Familienidyll wieder hervorzukommen. Eine Zeitlang schien es so, als müsse man nur kräftig täglich mit einem bestimmten Waschmittel waschen, viel und schnell Auto fahren und dieses und jenes Haarspray verwenden, um die Umwelt in einen strahlenden Paradiesgarten zu verwandeln. Zwei negative Botschaften sind dem Konsumenten aus dieser Zeit im Gedächtnis geblieben. Erstens: Die Industrie reagiert nur, wenn sie vom öffentlichen Diskurs dazu gezwungen wird. Zweitens (und wichtiger): Der Öko-Bluff hinterließ auf allen Ebenen einen heillosen Wirrwarr in den Köpfen. Er hat nicht nur dazu geführt, daß man „grüne" Botschaften kaum noch glaubt, er hat zu einer bizarren Inflation und Entwertung des wichtigen Themas Ökologie beigetragen.

DIE GROSSE VERWIRRUNG

Gewiß: Ein Teil der Verantwortung für die Entwertung des ökologischen Issues lag auf seiten der Medien, die Ende der Achtziger ein gewaltiges Feuerwerk an Überreaktionen abbrannten. Ob die Robben in der Nordsee, kranke Bäume oder ein an sich ganz normaler Sturm über der Nordsee – stets stand der Weltuntergang vor der Tür. Es waren auch die Medien selbst, die schließlich damit begannen, das ganze schöne, heile Gebäude der ökologischen Kirche wieder einzureißen. Da kam zunächst, ganz harmlos noch, die Recycling-Frage auf. Das Papier- und Glassammeln, das Anfang dieses Jahrzehnts in der Mittelschicht eine beliebte ökolozistische Tätigkeit war – es handelte sich um eines der wenigen Dinge, bei denen man als ganz normaler Bürger „praktisch etwas tun“ konnte –, wurde von einer Unmenge an Presseberichten über Nacht als reichlich unnütz deklariert; es gab keinen Markt für Altpapier, beim Recycling wurden genauso viele Gifte frei wie bei der Neuproduktion. Die Sekundärrohstoffverwertung hat sich von diesem Imageverlust nie erholt, der **Grüne Punkt** ist der Höhepunkt des Glaubwürdigkeitsverlustes der Recycling-Industrie.

Es dauerte nur wenige Jahre, bis alle so mühsam errungenen Erkenntnisse des ökologischen Zeitalters in einem krausemausen Durcheinander verschwanden. Waren Plastiktüten nicht am Ende „ökologischer“, weil mit weniger Energie und Wasserverschmutzung herzustellen als Papier? Förderte man nicht mit dem massenhaften Verbrauch von Mineralwasser – was als gesund, ergo „ökologisch“, eingestuft wurde – riesige Lastwagenkolonnen auf den Autobahnen? Der Diesel, einst als umweltschonend gepriesen, erwies sich als krebsgefährdend, Isoliermaterial zur Wärmedämmung galt plötzlich als toxisch. Selbst heroische Alternativen zur Wegwerfgesellschaft erwiesen sich im Licht der neuen Skepsiswelle als fragwürdig, wie etwa der Windelwaschservice in den Großstädten – er kam bei näherer Prüfung aller Faktoren, besonders in der „Energiebilanz“, auf keine wesentlichen Vorteile gegenüber den Wegwerfwindeln.

Wem also noch glauben? Was tun? Nun war nichts mehr heilig im Kosmos des ökologischen Glaubens: War, so zweifelten selbst hartnäckige Anhänger der

Grüner Punkt

„Nun pappt er schon an jedem Joghurtbecher: der Grüne Punkt, Ablaß für unsere Sünden.“ (Matthias Bröckers im *ZEITmagazin*)

ökologischen Idee, die Atomkraft angesichts des Ozonlochs doch das geringere Übel? Sollte man den Müll nicht besser doch – mit verbesserten Schadstofffiltern in den Kaminen – verbrennen, anstatt die Plastikschnipsel zu häßlichen Parkbänken umzugießen? Erzeugt Biomasse als Autotreibstoff womöglich eine schreckliche Monokultur, die den Kunstdüngerverbrauch ins Unermeßliche steigert? Ist das Elektroauto ein Atomkraftfreund? Wenn selbst die teure Kost aus dem Müsliladen am Ende voller Schadstoffe steckt – wie dann überhaupt sich „ökologisch“ verhalten? Ist es nicht im Grunde besser, sich in Bettenburgen einzuigeln, anstatt auch noch die letzten unentdeckten Strände als Pionier für den Massentourismus sturmreif zu schießen?

Als schließlich die heilige Kirche höchstselbst in die Schlagzeilen geriet, war die hohe Zeit der Ökologie vorerst zu Ende. Der fast schon inquisitorische Prozeß, den die Medien mit Greenpeace veranstalteten, markierte die Wende. Zynismus machte sich breit, eine wurstige, fatalistische Haltung gegenüber Umweltdingen, ein verdrehter **Öko-Hedonismus**. Heute, gegen Mitte der Neunziger, ist der Verbraucher weitgehend in seine alte Passivität zurückgefallen. Er ist hin und her gerissen zwischen seinem Bedürfnis, etwas für die Umwelt zu tun, und dem dumpfen Gefühl, im Stakkato der Umweltwerbung „irgendwie verarscht zu werden“. Das ist um so bedauerlicher, weil die Industrie heute ehrlichere, realistischere Konzepte einsetzt und sich von allzu marktschreierischer Grünpropaganda allmählich

Öko-Hedonismus

„In vollen Zügen genießt eine wachsende Zahl junger Leute die Schönheit der Sünde. Warum verzichten, wenn die Produktion im gigantischen China ökologisch völlig ungehemmt um knallige zwölf Prozent zulegt? Von der Latzhosen-Generation haben sie das Wissen über die drohende Öko-Katastrophe übernommen. Aber die Reaktion ist eine andere: hemmungsloser Konsum im Wettlauf gegen das schnelle Auslaufen der Öl-Zeit.“ (Roland Tichy in der *Wochenpost*)

verabschiedet. Bisweilen scheint es, als hätten sich die Rollen umgedreht: War es ehedem der Verbraucher, der die Industrie zu ökologischen Schritten drängte, hat heute die Industrie selbst die ökologische Avantgarderolle übernommen und versucht beharrlich, den Konsumenten zu kleinen Verhaltensänderungen zu überreden.

Im kollektiven Bewußtsein macht sich in unseren Tagen eine andere Strömung als noch Ende der Achtziger breit. Vorherrschend ist das dumpfe Gefühl, in einem unentrinnbaren Kreislauf von „ökologischer Schuld“ gefangen zu sein.

DER SÜNDIGE KONSUMENT

Wir sündigen also, indem wir auf der Welt sind. Schon allein damit, daß wir morgens zur Arbeit gehen, essen, trinken, in Urlaub fliegen, ruinieren wir den Planeten – erstaunlich, wie dieses „sündige Selbstverständnis“ der katholischen Lebenshaltung gleicht. Und es sind ähnliche Rituale wie in der Kirche, mit denen – ökolozistisch eben – unsere Kultur versucht, dieses Gefühl zu bannen und zu mildern.

Da ist, als erstes, die Beichte. Wie oft haben wir in der letzten Zeit den Stoßseufzer von Nachbarn, Freunden oder sogar Prominenten vernommen, daß sie ja „für die Umwelt im Grunde gar nichts tun“. Und wie oft starren wir selbst ratlos und voller Schuldgefühle auf den Inhalt unseres Mülleimers. Oder haben, nach einem üppigen Weihnachtsfest, ein seltsam leeres, eben schuldiges Gefühl.

Vermutete Veränderungen im Lebensmittel-Verbraucherverhalten in den nächsten Jahren laut Handelsschätzung:
- **Bio-Kost +18%**
- **kalorienreduzierter Käse +25%**
- **Mineralwasser +29%**
- **Tee +6%**
- **Kakao –15%**
- **Obst- u. Gemüsekonserven –26%**
- **Fleisch u. Wurst –38%**
- **Zigaretten –40%**

Werben und Verkaufen

Die **Beichte** macht keinen Sinn, wenn ihr nicht die Buße folgen kann. Es ist nicht sonderlich schwer, in unserer sozialen Wirklichkeit solche Bußrituale zu entdecken. Die Körnerdiät, die der Freund nun schon in der zweiten Woche eisenhart durchzieht, die Nulldiät unserer besten Freundin – die Arme macht es wirklich konsequent –, sie sind nichts anderes als Reinigungsrituale, Selbstgeißelungen, nur daß die „innere Verschmutzung", die im religiösen Glaubenssystem von der Sünde kommt, heute durch Umweltgifte und arglistig gesättigte Fettsäuren, durch Streßhormone und Schwermetalle verursacht wird. Der Kreislauf von Schuld und Sühne reicht in tiefenpsychologische Abgründe. So dürfte es nicht ganz abwegig sein, im rapiden Anstieg der Allergien und der Autoimmunkrankheiten unbewußte Selbstbestrafungsstrategien zu sehen. Wir strafen unseren Körper, indem wir für unseren Überfluß büßen. Wir entwickeln Übersensibilitäten aus tiefsitzenden Ängsten und Projektionen heraus.

Es gibt auch komfortablere Formen der Buße. Der unglaubliche Erfolg einer Institution wie Greenpeace, Spendenaufkommen im Jahre 1992 trotz Skandal über 60 Millionen Mark, die im letzten Jahrzehnt zeitweise die Liste der beliebtesten Institutionen der Bundesbürger anführte (und sogar weit vor dem ADAC und den Tierschutzvereinigungen rangierte), hat ökolozistischen Charakter. Ist nicht die Spende ein perfektes Abbild jener mittelalterlichen Gepflogenheit, die man „Ablaß" nannte und mit der man sich von seinen Sünden freikaufen und Unannehmlichkeiten wie Fegefeuer und

Beichte

Ein wunderbares Beispiel für ökolozistische Rituale sind Fernsehsendungen wie die „Umwelt-Gala" am Weltumwelttag. Mit Prominenten wird über die Schönheit von Blumen und Vögeln geredet, Selbstkritik am eigenen Verhalten geübt, der Umweltminister gefeiert, und zum Schluß gibt es eine „Traumreise an den Amazonas" zu gewinnen.

Hölle umgehen konnte? Weiter: Je höher das Wissen über Ökologie und Naturkreisläufe, desto schlechter die persönliche Handlungsökologiebilanz. Dieses scheinbar absurde Ergebnis einer Umfrage der Zeitschrift *Natur* ist beim zweiten Hinsehen völlig plausibel. Es sind vor allem die wohlhabenden, gebildeten Schichten, die über gesteigertes Umweltbewußtsein verfügen. Sie aber sind mobiler und kauffreudiger, sie verbrauchen und reisen mehr, wohnen in größeren Häusern mit höherem Energieverbrauch.

Ökolozismus bedeutet ein Handlungssystem, das uns allen – Bürgern, Konsumenten, Produzenten – ein „Set" aus Ritualen bietet, von denen wir im Grunde ganz genau wissen, daß sie unnütz sind, die wir aber dennoch freudig zelebrieren, um uns von der „ökologischen Schuld" reinzuwaschen. Ähnelt das zähe Sammeln und Sortieren von Müll nicht dem sturen Beten des Rosenkranzes? Ist das Glattbügeln und Wiederverwenden von Geschenkpapier nicht ein Witz angesichts der Steigerungsraten für glitzerndes, bedampftes, immer ausgeflippteres Geschenkpapier? Aber wissen wir inzwischen nicht auch ziemlich genau, daß wir darauf – und auf vieles andere – nicht verzichten wollen?

Das Komfortable am Ökolozismus ist: Man kann damit leben, und zwar gar nicht schlecht. So wie der Katholizismus seine Faszination aus einer äußerst gut funktionierenden Dialektik zwischen Völlerei und Askese, Schuld und Reinigung, Üppigkeit und Buße bezieht, erlauben uns unsere modernen Gesundbetungsrituale eine gewisse sozialpsychologische Balance, was die Umweltfrage betrifft. Denn Ökolozismus bietet den unschlagbaren Vorteil, daß man fürchterlich auf den Putz hauen – und dennoch Vergebung erwarten kann. Er erlaubt ein völlig paradoxes Verhalten. Analog zur typisch bayerischen Lebenslust: Das Bacchantische, Exzessive, ja Orgienhafte des katholischen Kulturkreises entspricht unserer modernen hedonistischen Gesellschaft. Sein Lebensgeheimnis ist gerade seine vielkritisierte Bigotterie, seine Doppelmoral, seine Fähigkeit, „inkonsequent" zu sein.

Um die Analogie noch ein Stück weiterzuschrauben: Die Alternative zum Ökolozismus wäre die „evangelische" Öko-Diktatur. Der Protestantismus erlaubt Schuldabfuhr in weit geringerem Maße als der Katholizismus; das Individuum bleibt in voller Konsequenz verantwortlich für seine Sünden. Auch diesen Umgang mit dem ökologischen Problem gibt es. Die protestantische Variante ökologischen Bewußtseins finden wir in der Welt des Müslis und des Konsumverzichtes, wie sie sich in den alternativen Ghettos der Großstädte ausgebreitet hat. Auch hier können wir religiöse und scheinbar religiöse Strukturen erkennen. „Kollaps des Planeten", „Schmelzen der Polkappen", „Ozonloch" oder wie dergleichen Schreckensvisionen noch heißen mögen – was sind diese Apokalypsen anderes als das Jüngste Gericht in moderner, ökologisch säkularisierter Form? In den übersteigerten Katastrophenerwartungen erzeugt unsere Gesellschaft einen „Strafausgleich" für unsere ökologischen Schuldgefühle. Ist dies vielleicht der Grund, weshalb Chemieunfälle, Tankerunglücke und Leukämiefälle auf dem Altar der Öffentlichkeit, im Fernsehen, geradezu genüßlich zelebriert werden?

Wer einmal diese Struktur ritueller Buße verstanden hat, für den erschließen sich viele Phänomene unserer modernen Kultur in einem neuen Licht. Das Auftauchen neuer Leidensgurus (wie etwa des erfolgreichen Eugen Drewermann) läßt sich ebenso ökolozistisch erklären wie das enorme Bedürfnis nach „Zeichen am Himmel“ (siehe auch Fin de siècle Trend). Die „Grammatik der Zeichen“ wird klarer. Bietet das Ozonloch nicht eine passende Allegorie zu unseren „sündigen“ Schönheitsbedürfnissen? Mit „Strahlen vom Himmel“(!) werden wir für unsere Eitelkeit bestraft. Warum wollten wir auch immer so schön braun sein?! Mit dem Arbeitsbegriff Ökolozismus lassen sich auch die erstaunlichen Unterschiede in der Antizipation ökologischer Themen erklären: Daß in Deutschland das Ozonloch allemal vernichtender, das Wetter apokalyptischer und die Ölpest am Golf verheerender ausfällt als in Frankreich, England oder den USA, hängt weniger mit unterschiedlichen Grenzwerten als vielmehr mit dem unterschiedlichen Potential an „Schuldbereitschaft“ zusammen. Es ist dies auch und vor allem Resultat einer geschenkten Demokratie, eines westlich importierten Wirtschaftswunders, das man sich eigentlich nicht „verdient“ hat. Und die Deutschen hatten immer schon, anders als etwa die Franzosen, Schwierigkeiten mit dem Genuß. Ihr neuentdeckter Hedonismus hat sich nie ganz vom Ruch des Obszönen befreien können. Der kollektive Haß gegen die ominösen Yuppies, der öffentliche Moralismus, der bisweilen einem Exorzismus gleicht, der Hang zu „sauberen“ Weltbildern – ideologisch wie hygienisch. Im ökolozistischen Element hat deshalb auch die typische, alte deutsche Bigotterie eine neue Heimat gefunden.

DIE ROLLE DER INDUSTRIE

Auf der Ebene der Konsumprodukte ist die **Light**-Welle das Äquivalent für diesen Trend: Schuldabfuhr durch Reduktion. Es gibt heute kaum noch ein Produkt, zu dem keine Light-Version existiert, ganze Regale voll mit entfetteten, entölten, entkoffeinierten, reduzierten, raffiniert mit Surrogaten und Füllstoffen durchsetzten Produkten eröffnen dem Verbraucher die ökolozistische Option: Schlemmen und Ablaß in einer einzigen Packung!

Light
Der Absatz von Light-Produkten stagniert derzeit auf relativ hohem Niveau. Aber der Ruf ist gründlich ruiniert – die Verbraucher trauen diesem Label nicht mehr.

In US-Supermärkten findet man heute schon ökolozistische „Extremhostien“: Riesenpackungen Erdnußbutterkekse mit null Cholesterin und Fett, Trüffelpralinen ohne eine einzige Kalorie. Moderne Werkstofftechnik hält Einzug in die Lebensmittelindustrie. Ein anderes Beispiel ist jenes schottische Mineralwasser aus blauen **Designerflaschen** zum stolzen Preis von sechs Mark, das Anfang der Neunziger auf keinem Edelholztisch fehlen durfte: Reinheit und Gesundheit als gestylte Illusion.

Die deutsche Industrie, könnte man meinen, ist mit solchen Produktoptionen fein raus. Sie kann aufatmen. Der Konsument ist verunsichert und schweigt und kauft alles, wenn er nur die Illusion hat, via Kaufakt para-

Designerflaschen
„Ty Nant“ ist ein gutes Beispiel für eine schnelle Mode, die sich an oberflächliche Ökologiemotive anhängt. So schnell der Erfolg kam, so schnell war er auch wieder vorbei.

diesische Verhältnisse hervorbringen zu können. Die ökolozistische Logik ist in den Händen eines geschickten Managements eine gefährliche Waffe. Es kann mit Symbolen operieren, die tief in das Unterbewußtsein des Konsumenten eingreifen und dort jene begehrte Erleichterung erzeugen, die wir alle mit unserem schlechten Gewissen so dringend nötig haben. Besonders im Kosmetikbereich ist diese Logik aus dem Marketing kaum noch wegzudenken.

Es ist jedoch sehr fraglich, wie lange eine solche Masche noch zieht, ganz abgesehen von moralischen Erwägungen. Das momentane Tief für „ernstgenommene Ökologie“ sollte nicht zu dem Trugschluß führen, das Thema sei vorbei. Im Unterschied etwa zu den Vereinigten Staaten, wo durch andere Traditionen fast so etwas wie Immunität gegen die seriöse Ökologie-Problematik zu bestehen scheint, ist Mitteleuropa ein dichtbesiedeltes Land, in dem schon ganz simple Produktionszwänge ökologisches Denken notwendig machen. Man kann hierzulande seinen Sondermüll eben nicht einfach in die Wüste kippen.

Wenn im Umkreis einer Fabrik wegen Unfällen plötzlich die Hauspreise fallen, werden ökologische Probleme schnell zu ökonomischen Hardfacts – und darauf reagiert die Öffentlichkeit sofort. Die Beispiele dafür, wie gründlich ein verdorbenes Öko-Image Firmen und ganze Branchen ruinieren kann, wachsen. Wenn in den Eiern Salmonellen gefunden werden, geraten nicht nur einzelne Hersteller, sondern die ganze Branche auf die Anklagebank. Und man sollte das sozialpsychologische Leiden, das sich hinter dem ökolozistischen Phänomen verbirgt, nicht unterschätzen. Irgendwann bekommt die Spirale aus Schuldgefühlen und Bestrafungserwartung einen Dreh zuviel. Wie im Katholizismus nicht nur Entlastungsmöglichkeit für die arme Seele, sondern auch Repression und seelische Verheerung möglich sind, kann das ökolozistische Spiel umkippen in soziale Desintegration, Fatalismus und Angst. Wenn das gesellschaftliche Klima derart von Hoffnungslosigkeit und Weltuntergangsfurcht durchseucht wird, daß jede Lebenslust schwindet, wird unsere Industriekultur in eine Art **Agonie** fallen, aus der sie sich nur schwer erholen wird.

PURIFIKATION

In Umkehrung des altbekannten Satzes, daß die Geschichte sich stets wiederholt – einmal kommt sie handfest einher, das zweite Mal als Farce –, ist in Sachen Ökologie der „Ernstfall" womöglich noch gar nicht eingetreten. Alles bisher war Vorgeplänkel. Der Zeitpunkt, an dem der Verbraucher aufwacht und merkt, daß „Mineralwasser light" eher ein Marketingtrick, eine verbale Zumutung ist denn ein Produktvorteil, liegt in nicht allzu weiter Zukunft. Wir sollten auch nicht vergessen, daß das Karussell der Generationen noch keineswegs zum Stillstand gekommen ist. Bei den ganz Jungen – denen zwischen 12 und 16 – scheint sich, wenn die Umfragen nicht täuschen, eine „Repolitisierung" anzudeuten. Auch das Nahen der Jahrtausendwende wird die ökologische Frage neu mit Bedeutung

Agonie

Schon heute sprechen Ärzte von einer „Umweltdepression" besonders bei Kindern.

aufladen. Der Trend zum Rückzug, zur Ratlosigkeit und zum hemmungslosen Ich hat seinen Zenit bereits überschritten. Die wütenden, moralischen jungen Konsumenten, die kritische Öffentlichkeit, die endlich Taten statt Bilder sehen möchte, sind nur eine Weile auf Urlaub gewesen.

Um den Prozeß der „Reökologisierung" aktiv zu begleiten, möchten wir hier einen zweiten Begriff vorschlagen: Purifikation. Purifikation verstehen wir als den bewußten Umgang mit dem Ökolozismus-Phänomen. Er nimmt unsere Ängste und Schuldgefühle ernst. Er verabschiedet sich vom Zynismus und von der Bigotterie. Er will dem Verbraucher echte Alternativen bieten. Purifikation bezieht ihre Kraft aus dem weitverbreiteten Gefühl des Zuviel, das heute in den westlichen Ländern zu einer zunehmenden Abneigung gegen **Konsumismus** führt. Anders als die Müsli-Askese ist dieser Trend aber nicht genußfeindlich, im Gegenteil: In der Reduzierung auf das Wesentliche hofft man, eine neue (alte) Genußqualität wiederzufinden – eine Qualität, die durchaus auch sakrale, meditative Tendenzen hat. Purifikation hat einen „japanischen" Aspekt: Rückkehr zur Essenz, Klarheit, Reduktion, zum Echten. Man stelle sich eine Art zweiter „weißer Welle" unter ökologischen Aspekten vor – wir erinnern uns, die billigen No-name-Brands, die kurzfristig zu Beginn der Achtziger für Furore sorgten. Es geht also nicht mehr darum, Produkte künstlich mit Öko-Bedeutung aufzuladen, sie zu „behandeln", sondern sie zu reduzieren auf ihren wesentlichen Kern.

Konsumismus

Fragt man amerikanische Konsumenten nach der „Glaubwürdigkeit von Botschaften", lauten die Antworten im Jahre 1992: 61 Prozent glauben ihrem Arzt, 28 Prozent den Abendnachrichten, 22 Prozent den Kirchen und 5 (fünf!) Prozent der Werbung. (Nach einer Monitorstudie von Yankelowich Partnerschaft)

Ein gutes Beispiel für Purifikation ist das Kosmetiklabel **Origins**. Mit einer eigenen Ladenkette in den USA und einer eigenen Produktphilosophie greift diese Pflegeserie gleich mehrere Purifikationsaspekte auf. Die Serie basiert auf simplen Rohstoffen, die kaum konzentriert und raffiniert werden. In der gesamten Anmutung wirkt sie schlicht, reduziert, natürlich und sanft – Wellness statt Schönheitskult. Die Flaschen werden zurückgenommen, das Verpackungsmaterial besteht aus rohem oder recyceltem Papier.

Origins

Umsatz in Deutschland 1992: 13 Millionen Mark. Origins-Produkte sind vor allem in den großstädtischen Regionen wahre Kultgegenstände zum Verschenken.

Zusätzlich greift die Serie einen Anti-Waren-Aspekt auf: Manche Origins-Produkte werben damit, sich selbst nach kurzem Gebrauch überflüssig zu machen („Diese Tinktur hilft Ihrer Haut, ihre verlernten Fähigkeiten, sich selbst zu regulieren, wiederzugewinnen"). Andere Produkte, wie die der Aromatherapie-Linie, sollen „harte" Substanzen wie Kaffee oder Schlaftabletten entbehrlich machen.

Man mag jetzt einwenden, daß der enorm hohe Preis die Origins-Linie wieder in die ökolozistische Lagerhaltung eingliedert. Allerdings: Es gibt auch beim Purifikationstrend Möglichkeiten zum Bluff, wie etwa die **Transparent-Welle**. Aber es geht hier nicht um Perfektion. Purifikation hat zwar auch etwas mit Symbolhandlungen zu tun, aber die Symbole halten der Wirklichkeit stand. Der Hersteller versteckt die Angaben zu den Rohstoffen nun nicht mehr in winziger Schrift, er schreibt sie in großer Schönschrift auf die Packung. Die Verpackungen sind transparent, sie lassen den „Stoff" – das Produkt – roh erscheinen, grei-

Transparent-Welle

Es gibt inzwischen transparente Biere und Limonaden, Uhren und Stereoanlagen, Gels und Zahnpasten. Trendanalytisch steht hinter der Transparent-Welle ein wachsendes Bedürfnis nach Durchblick, Klarheit, Reinheit, Natur, Reduktion – klassische purifikatorische Motive. Dummerweise muß man jedoch erheblichen chemischen Aufwand treiben, um einer Limonade die Farbtöne auszutreiben.

fen Naturmuster auf oder bestehen gleich ganz aus Natur. Blätter, Apfelsinenschalen, Abfallrinden sind das kommende Verpackungsmaterial. Purifikationsprodukte entwickeln eine eigene Zahlenmagie, Energie- und Rohstoffbilanzen werden gleich noch mit angegeben. Womöglich in einer Rubrik „Nachteile“: Es tut uns leid, lieber Konsument, aber die Druckfarbe für unsere Antwortkarte konnte noch nicht auf Leinölbasis hergestellt werden, da ist leider noch Erdöl im Spiel...

Neue Ehrlichkeit. Sogar manche Ostware kommt heute wieder mit Purifikationsargumenten zurück: „Da is ja nischt der ganze Mist drin wie im Westen.“ Alte, längst vergangene Produktformen gehen in handwerklicher Machart plötzlich wieder über die Ladentische: Kernseife, handgepreßtes Olivenöl, Talkumpuder, reines Leinen, Hirschhornknöpfe – die ehrliche Ware also, aber jenseits des alten Entsagungsmiefs der Hippie-Ära. Purifikation ist der Luxus einer Zeit, in der es ständig schwieriger wird, ein „reines“ Produkt zu bekommen, im chemischen wie im mentalen Sinne.

Bei dem in Packpapier eingeschlagenen **Hemd** (schlichte Baumwolle, natürliche Färbung) finden wir ein kleines, auf Recycling-Karton gedrucktes Kärtchen mit den fröhlichen Gesichtern der Baumwollieferanten in Indien – der Dritte-Welt-Aspekt. Bei dem Huhn, das wir auf dem Markt kaufen, sehen wir Fotos der Ställe – der Herkunftsaspekt. Handwerkliches ist Teil der Purifikation (aber nicht Dilettantisches). Bei dem Mineralwasser, das wir in die Wohnung geliefert bekommen (in Großflaschen), wird Wert darauf gelegt, daß es

Hemd

Im Bekleidungssektor fallen derzeit besonders ecollection von Esprit und Ecologyline von Britta Steilmann in die Purifikationskategorie.

von nicht weit herkommt – der Transportaspekt. Die **Verkaufsräume** sind schlicht und edel gehalten: Naturholz, Stahl, recycelte Materialien, keine überflüssigen Schnörkel.

Es ist nur eine Frage der Zeit bis zum ersten großen professionellen „Purifikationsversandkatalog". Noch sind es oft die cleveren Kleinunternehmer aus dem alternativen Milieu, die den purifikatorischen Taktstock mit erstaunlichem Erfolg schwingen. Schon ein kleines Experiment, die Berliner „Teekampagne", ursprünglich nichts anderes als ein Seminarprojekt, mit dem ein paar Studenten und ein Professor ein „integriertes Öko-Konzept" in Sachen Teeimport und -distribution versuchten, konnte den etablierten Teehandel schwer unter Druck setzen. Warum nicht ein Supermarkt in diesem Stil, ein Warenhaus, eine Kette von Einzelhandelsläden?

Purifikation ist kein Produktionszweig, den ein großer Konzern „einfach mal so anhängen" kann. Denn als zusätzlichen Aspekt beinhaltet sie die Frage nach dem Produzenten selbst. Der Glaubwürdigkeitsdruck ist enorm. Gewiß kann ein Lebensmittelkonzern eine Weile Purifikationsästhetik imitieren, aber es ist praktisch unvermeidlich, in einen Sog hineinzugeraten, der das gesamte innerbetriebliche Denken radikal in Frage stellt. Denn das ist gerade der Unterschied zum Ökolozismus: Purifikation bezieht die Qualität eines Produktes auf den gesamten Produktionsprozeß, auf die Firmenkultur wie auf den Anteil, den die Produzenten erhalten, auf die Art und Weise, in der Rohstoffe an-

Verkaufsräume

Beispielhaft im Ladendesign ist der schlichte Kleiderladen Ipuri in Hamburg. Hier wird besonders das „japanische" Element des Purifikationstrends deutlich. Ein anderes Beispiel ist der Designladen Muji in London, in dem japanisches Schlichtdesign angeboten wird. Trotz Rezession ein Umsatzrenner.

oder abgebaut, und die Methode, mit der sie so schonend wie möglich weiterverarbeitet werden. Der Purifikationstrend wird in letzter Konsequenz industrielle Wege transformieren und alte Fronten zerschlagen. Wir können deshalb nur vor ihm warnen: Wer nur schnelle Profite will, sollte sich lieber heraushalten. Der Purifikationskonsument ist gnadenlos. Er goutiert das Grundsätze-vor-Profit-Denken von Esprit oder das Dritte-Welt-Konzept von Anita Roddick: Firmen werden Lebensgemeinschaften, Sponsoring wird direkte Unterstützung von Erzeugern. Firmen schlagen sich mit dem Purifikationstrend endgültig auf die Seite der Umweltschützer, sie werden Teil einer ökologischen Transformation. Von dort aber gibt es kein Zurück mehr. Purifikation ist nichts anderes als der „Umbau der Industriegesellschaft", aber ganz ohne die verklemmten, sozialistischen Restbestände alter Ideologien.

POSTEMANZIPATION

Warum konsequente Emanzipation ein heilloses Dilemma erzeugt, wie Männer und Frauen sich vorsichtig von ihr distanzieren und auf welche Weise die Familie eine heimliche Renaissance erlebt.

Die Folterkammern der Emanzipation haben viele Abteilungen. Sehen wir es einmal durch die düstere Brille: In den Großstädten sitzt ein Heer von vereinzelten, vergnügungssüchtigen Menschen in weißgestrichenen Zweizimmerwohnungen und wartet, daß das Telefon klingelt. Klingelt es, ist immer der oder die Falsche dran. Ab und zu findet man in seiner Einsamkeit die große Liebe. Man vergißt alle Vorsicht, die man sich im jahrelangen Beziehungskampf erworben hat, gibt Distanz und Souveränität auf und zieht zusammen. Nach spätestens zwei Jahren kommt man zu dem Resultat, daß der oder die andere eine ziemlich verkorkste Psychostruktur hat, die man eigentlich nicht aushalten kann, jedenfalls nicht auf Dauer. Die **Singleisierung** schreitet voran. Bis man vierzig ist, hat man das im Durchschnitt fünfmal erlebt und wird zum einsamen Wolf auf der Piste, zum Sonderling...

Alles nur Ausnahmen, Erfindungen? Es muß etwas dran sein an dieser Fiktion, andernfalls würden die ent-

Singleisierung

Heute leben zwei Drittel der Gesamtbevölkerung allein oder zu zweit. Im Jahre 2010, so die Schätzungen, werden 37% der Deutschen als Singles leben. Rund 30% der Bundesdeutschen sind inzwischen lebenslang kinderlos.

sprechenden Bücher nicht in immer neuen Auflagen solch reißenden Absatz finden. Die vollemanzipierte Gesellschaft erzeugt einen bizarren Kreislauf aus Anspruchslogik und Romantiksehnsucht. Je weniger das traditionelle Bild von Mann, Frau und Kindern mit unserer sozialen Wirklichkeit übereinstimmt, um so schwülstiger die **Liebesbilder**, um so ekstatischer die Versprechungen. Das scheinbare Paradox zwischen totaler Verherrlichung der romantischen Liebe und nüchterner Kosten-Nutzen-Logik in der Beziehungsrealität ist keines. Je brüchiger die Normen, desto stärker die Kitschdosis.

Liebesbilder

„Das Resultat – eine chronische Beziehungs-Schizophrenie, so kurios wie notorisch: Wir sind ständig auf der Flucht vor Nähe – und gleichzeitig verliebt in die Liebe... Auch in der Beziehung bleibt des Narziß' liebstes Ding: Die Beschäftigung mit sich selbst.“ *Wiener*

Auf dem Feld der Emanzipation wimmelt es zudem von extremen Ungleichzeitigkeiten. Ihre Botschaft kommt erst heute in der Provinz an. Das Ergebnis kennen wir aus den Siebzigern: Die Frau entdeckt, daß sie mit ihrem egoistischen Mann niemals glücklich werden kann, und zieht zu ihrer Freundin. Langjährige Ehen gehen plötzlich zu Bruch, weil er eine Jüngere gefunden hat. Männer alten Typs suchen den Ausweg im Import: Sie fahren in Truppstärke nach Thailand oder Moskau, um sich aus dem reichhaltigen Angebot an zwanzigjährigen Frauen eine auszusuchen, die sehnsüchtig darauf wartet, weggeheiratet zu werden, um in einem deutschen Bungalow ihrem Ehemann in jeder Hinsicht zu dienen...

All diese Trauerspiele sind millionenfach beschrieben, belächelt, betrauert, in neue deutsche Komödien oder wütende Romane gegossen worden, all das wird immer wieder aufgewärmt, recycelt; in endlosen Talk-

Shows schlägt sich die Nachhut der Emanzipation immer noch um die Frage, ob Männer mehr an der Hausarbeit beteiligt werden sollen und warum sie immer nur das eine wollen. Neue Männer und Frauen betreten immer noch reihenweise die Bühnen. Der Mann zieht in die Wälder und erlernt endlich das Weinen, die Frau entdeckt erneut ihre wunderbare erotische Potenz (oder gar ihre neue Lust auf Demut und Unterwerfung).

Doch hinter den Kulissen, da, wo Tacheles geredet wird, hört man eigentlich immer nur das eine: Stoisch regieren die Werte „Treue" und „Familie" in allen Umfragen einsam an der Spitze. Auch das Bild vom Wunschpartner hat sich in den letzten Jahrzehnten kaum geändert. Treu soll er sein und humorvoll und anschmiegsam, und sein Aussehen und seine Potenz sind nicht so wichtig...

Ein Verdacht sei hier also geäußert: Die vielbesungene Emanzipation ist eigentlich schon seit Jahren kein wirkliches Thema mehr. Die Gesellschaft hat es nur noch nicht gemerkt.

Die nüchternen Zahlen belegen das. Die Scheidungsrate stieg in den späten Sechzigern bis zum Ende der Siebziger steil an – seitdem ist sie praktisch auf gleichem Niveau geblieben, ein Drittel aller Ehen, jede zweite in manchen Ballungsgebieten, wird irgendwann geschieden. Auch die **Kinderquote** und das Heiratsalter verändern sich nicht mehr signifikant. Handelt es sich womöglich bei dem Geräusch, das die chronischen Reibereien zwischen Männern und Frauen immer noch

Kinderquote

Pro gebärfähige Frau werden derzeit 1,3 Kinder geboren. Das Durchschnittsalter der Frauen in der Bundesrepublik bei der ersten Geburt lag 1970 bei 24,4 Jahren, 1989 war es auf knapp 27 Jahre angestiegen.

in den Medien erzeugen, lediglich um lautstarke und lärmende Rückzugsgefechte?

DIE MÄNNLICHE EMANZIPATION

Wie aber gehen die Kinder der Emanzipation, diejenigen, die heute zwischen 17 und 27 Jahre alt sind und damit den Beziehungsstil der nächsten Generation prägen werden, mit dieser Lage um? Der postemanzipative Streß der Männer basiert im wesentlichen auf dem Selbstbewußtsein der Frauen. Besonders in den Großstädten, wo junge Frauen unter den Studenten, also den Hochgebildeten, die Mehrheit stellen und auch materiell über weitaus größere Freiheitsoptionen verfügen als ihre Mütter, herrscht eine eigentümlich gedrückte Stimmung bei den jungen Männern: Im modernen Beziehungspoker scheinen sie die Verlierer.

Jungen sind, wenn wir der Sozialforschung Glauben schenken dürfen, in den Familien immer noch die Verwöhnteren. Anders als Mädchen lernen sie erst spät, sich alleine zu behaupten und von den Eltern zu lösen. Das führt zu einem überdimensionalen **Anlehnungsbedürfnis** – die Freundin soll auch noch die Mutter ersetzen – und einem fast übersteigerten Treuewunsch, kombiniert mit bisweilen an Hysterie grenzender Eifersucht. Die selbstbewußteren jungen Frauen von heute sind aber in der Treue bzw. Untreue mindestens genausoweit wie die Jungen. Sie lassen sich ihre erotische Unabhängigkeit nicht so schnell abkaufen.

Junge Männer sind im Verlauf der verschiedenen Emanzipationswellen mit völlig konträren Männerbil-

Anlehnungsbedürfnis

Besonders bei jungen Männern wachsen „passive Zärtlichkeitsbedürfnisse". Nach einer Studie der *freundin* geben im Jahre 1993 66 Prozent, acht Prozent mehr als 1990, an, daß sie viel Zärtlichkeit und Zuneigung brauchen.

dern konfrontiert worden. Sie haben erfahren, wie der weiche, anschmiegsame, verständnisvolle Mann Mitte der Achtziger plötzlich zum Hanswurst wurde, wie junge Frauen wieder kantige, männliche Härte goutierten. Viele von ihnen mißverstanden dieses Bedürfnis als Ruf nach dem alten Macho. Dabei war es eher als Überdruß an der jungmännlichen Regression und Konturenlosigkeit gemeint. Heute wiederum sind junge Männer mit praktisch denselben Anmaßungen erotischer Normen konfrontiert wie ehedem die Frauen.

In der Werbung, in den Modemagazinen wimmelt es von knackigen jungen, nackten Typen, die allesamt verdammt gut aussehen. Ist es ein Wunder, daß die Selbstwertkrise unter den jungen Männern verbreitet ist?

Eine weitere Hürde zum Frieden zwischen den Geschlechtern ist der Kinderwunsch. Er wird zumeist zuerst von den Frauen artikuliert, und er führt sehr oft zu Panik- und Fluchtreaktionen der narzißtisch geprägten Männer. In einer Gesellschaft, in der Vaterrollen praktisch eliminiert sind – Väter, Mütter übrigens auch, genießen ein enorm schlechtes Sozialprestige –, bedeutet die Kinderfrage eine existentielle Krise.

In ihrer Not greifen die Jungen schneller und bereitwilliger auf tradierte Rollenverständnisse zurück. Sie entfalten hektische Aktivitäten, um Karrierewünsche ihrer Freundinnen mit subtilen Mitteln zu torpedieren. Im Falle eines Kinderwunsches machen sie der Frau/Freundin des öfteren ein hinterlistiges Angebot: Ich ernähre die Familie, damit du dich ganz und in Ru-

Was Singles an einer festen Bindung schreckt:
- **Hausarbeiten 14%**
- **ständig einen Menschen um sich zu haben 21%**
- **langweilige Gespräche 20%**
- **Rechtfertigungspflicht 38%**
- **Streitereien um Kleinigkeiten 34%**
- **wenig Zeit für mich 27%**

Wiener

he um die Kinder kümmern kannst. Als Antwort kommt meistens ein „Sehr gut, aber das reicht mir nicht“.

Junge Männer fühlen sich von den jungen Frauen zunehmend erpreßt und überfordert. Sie haben das Gefühl, sie müßten außerhalb der ohnehin schon nervigen Karriere auch noch gute Hausmänner, perfekte Liebhaber, Babysitter und Zuhörer sein. Sie fühlen sich von den widersprüchlichen Bildern, die die Emanzipationskultur ausgebrütet hat, unter Druck gesetzt.

DIE WEIBLICHE EMANZIPATIONSFALLE

Auf der anderen Seite der Geschlechterbarrikade haben die jungen Frauen ein feines Gespür für die larmoyante Mentalität heutiger junger Männer entwickelt. Das führt zur Distanz zum anderen Geschlecht und zu emotionaler Orientierung an dem Freundinnenkreis. Frauen untereinander sind sozial verbindlicher als Typen, sie stärken sich gegenseitig. **Girls culture** ist in Amerika ein großes Thema, und wer genauer hinsieht, kann auch hierzulande das „Vercliquen“ der Mädchenkulturen beobachten. Eine „Girlsrevolution“ wie in den USA steht auch bei uns vor der Tür. Garstige Mädels, die sich von den Jungs nichts mehr sagen lassen, die ihre „autonome“ Kultur durchsetzen, ohne im alten Sinne feministisch zu sein.

Trotzdem gehören die heftigen Generationskonflikte in den Familien heute der Vergangenheit an, und das heißt, daß der Wunsch nach eigenen Kindern wieder früher und häufiger auftritt. Gegen die zaudernden Männer, denen es meist schwerfällt, sich zu entschei-

Girls culture

„Man nehme den alten Geist der Punkbewegung und füge eine gehörige Portion von Muttis bestem feministischem Jargon hinzu – Riot Girls sind die neue Ausdrucksform junger Frauen.“
The Guardian

den, setzen sich die Frauen dabei zunehmend rabiater durch; notfalls wird das Verhütungsmittel vergessen oder der Partner verlassen und nach einem anderen, „kinderwilligen" gesucht – eine Suche, die schon bald zu einem Thema im kulturellen Diskurs werden wird, weil sie die alten Wertesysteme der Emanzipation auf interessante Weise durchkreuzt. Einen „Erzeuger" zu suchen, die Beziehungsfrage entlang der „Genfrage" zu entscheiden ist heute ein echter, letzter Tabubruch.

Auch die Frauen sind, allen gegenteiligen Beteuerungen zum Trotz, emanzipationsmüde. Man benötigt eine Menge Ressourcen, um die heute üblichen offenen Rollenkonflikte aushalten und abfedern zu können; alles will verhandelt, diskutiert, abgewogen sein, für alles muß ein Kompromiß gefunden werden. Ein Kindermädchen, eine Putzfrau, zwei Wohnsitze (damit die Partner auch mal Distanz zueinander haben können), einen Superjob, der einem auch noch Zeit läßt, ist das Mindeste, was die moderne Partnerschaft erfordert. Dazu kommen, im Kinderernstfall, erstklassige pädagogische Fähigkeiten, um den ungeheuren Schwierigkeiten der Kindererziehung in einer mit Video überfluteten und umweltverseuchten Welt gewachsen zu sein. Kurzum: Die Emanzipation hat ein Übermenschenbild erzeugt, dem eigentlich niemand mehr genügen kann.

„Nachdem frühere Frauengenerationen ihr Selbstbewußtsein meist auf ein Extrem gründen mußten, der Voll-Hausfrau oder der Voll-Berufsfrau, wünschen sich die Frauen heute eine Synthese von Mutterschaft und Berufstätigkeit... Sie sind realistisch genug zu erkennen, daß sich Familie und Beruf nur mit einer Teilzeitbeschäftigung unter einen Hut bringen lassen."
(Aus der *Für Sie* – Studie „Die Frau der 90er Jahre")

DIE ANTIFAMILIÄRE ÄRA

Um das gesamte Ausmaß der Tragödie zu überschauen, müssen wir noch einmal einen Blick auf die Wandlungen familiärer Bilder werfen. Man kann die

Kulturgeschichte der letzten dreißig Jahre als Abschied von der Familie als Lebensmodell lesen. Die zentrale Aussage von wichtigen Filmen und Büchern, der rote Faden der gesellschaftspolitischen Diskurse waren stets den großen Auf- und Ausbrüchen gewidmet. Helden der Siebziger, ob im „Tatort“ oder in den unzähligen kleinen Fernsehspielen, ja selbst in kreuzbiederen Familienserien, brachen aus einer verlogenen, engen Erwachsenenwelt aus und ritten, allegorisch gesprochen, in die Sonne. Eltern und Familien wurden in ihrer überwiegenden Mehrheit als dumpf, langweilig und repressiv beschrieben, die Helden waren stets Opfer überkommener Strukturen, subtiler Erpressungsversuche oder Lebenslügen, die sich zu massiven psychischen Problemen ausweiteten. Mörder waren oft Opfer familiärer Verklemmungen und Verdrängungen.

„In dieser zerfallenden Welt ist der einzige Akt der Rebellion, eine Familie zu gründen und Kinder aufzuziehen.“ (Der Rockstar Pete Townshend, 1993)

In den Achtzigern dann geriet die Familie aus dem Fokus der Aufmerksamkeit; man war längst on the road, freakig, stolpernd, suchend schlug man sich durch die Widrigkeiten des Lebens. Der Boom des Road-movie stammt aus dieser Zeit oder die kultischen Verherrlichungen des Freak-out wie die „Rocky Horror Picture Show“. Individuelle Ekstase und Erlebensintensität prägten den Stil der Zeit, existentialistisches Nomadentum, Schräg- und Schrillheit. Selbst Achtzigjährige entdeckten ihre Fluchtwünsche und setzten sie hartnäckig, listig, antiautoritär gegen „die Gesellschaft“ durch.

Natürlich war diese mächtige Tendenz nicht, wie unsere Konservativen behaupten, „Moralzerfall“. Im

Gegenteil: Eine höhere Moral wurde gesellschaftlich etabliert, und es war eine Moral, die durch und durch aus dem „westlichen“ Wertesystem stammte – der Individualismus. Das Ich gewann über das Wir. Doch gegen Ende der Achtziger gerieten die kleinen und großen Fluchten allmählich verzweifelter, melancholischer, gewalttätiger, hoffnungsloser. Sie endeten nicht mehr in offenen Horizonten, sondern oft dort, wo sie angefangen hatten, oder im Elend: „Down by Law“, Jarmuschs Kultfilm, markierte die Wende. Er hatte keine Lösung mehr anzubieten; wie später die Filme von Kaurismäki definierte er den Outcast als chronischen Verlierer, der schließlich vereinsamt und verzweifelt, selbst wenn er nicht aufgibt, nicht aufgeben kann. Das **Dunkel** hatte den Rebellen wieder, man las Chandler, die „Schwarze Serie“ Hollywoods wurde zum Kult.

In den ersten Jahren dieses Jahrzehnts nahm sich der Hollywoodfilm verstärkt des Dramas zwischen Männern und Frauen an. Nun waren es die Liebesverheerungen, die im Mittelpunkt der Drehbücher standen. „Kramer gegen Kramer“ problematisierte das Scheidungselend, „Eine verhängnisvolle Affäre“ markierte einen erneuten Wendepunkt: Die Frau wurde hier als Eindringling definiert, als sexuelles Monster, das den Frieden der Familien stört. Das Dämonische der Sexualität geriet ins Fadenkreuz, nicht nur im amerikanischen Film. Überall kehrten sich Sicht- und Denkrichtungen um. Ein stiller Chronist der modernen Kultur wie der französische Regisseur Eric Rohmer etwa kehrte seine filigranen Handlungslinien um. Nicht mehr Auf-

Dunkel

Dieser Phasensprung von „Aufbruch“ zu „Trauer“ drückte sich auch im plötzlichen Triumph der Farbe Schwarz aus. In der zweiten Hälfte der Achtziger wurde schwarze Kleidung zum Kult – und ist es bis heute geblieben.

bruch, sondern Heimkehr, nicht mehr Verherrlichung der Großstadt, sondern Wiederfindung der Provinz, nicht mehr kreative Verwirrung der Gefühle, sondern Wiedererringung des einfachen Glücks sind das Thema. Mütter und Väter, die lange Zeit in den großen Symbolfilmen nicht mehr aufgetreten waren, wurden schamhaft wiederentdeckt: Wurzeln, Herkunft, Heimat. Selbst ein typischer Road-movie-Regisseur wie Wim Wenders drehte mit „Bis ans Ende der Welt" eine rührende Vater-Mutter-Kinder-Geschichte. Kitsch und Pathos durften wieder ungehemmt Einzug halten, die Sexualität driftete weiter ins Dämonische. Nicht mehr „Neuneinhalb Wochen", sondern „Basic Instinct", „Disaster" und, als finale Befriedung der Sexualität, die Disney-Romanze um eine Nutte, die zur Ehefrau wird: „Pretty Woman". Auch in der Literatur wandelten sich die Zeiten. Der Superseller der Jahrzehntwende im deutschen Markt, „Salz auf unserer Haut" von Benoîte Groult, handelte noch von der Leidenschaft in Gestalt des klassischen Geliebten, der zwar die Familie nicht zerstören kann, aber einen Tabubruch institutionalisiert – klassische triviale Emanzipationsliteratur. Die nächste Welle von Dauerbestsellern wurde dann von Rosemarie Pilcher geschrieben – klassische, kitschige Familienromane in altenglischer Art.

Weltbestseller

Wie groß das Bedürfnis nach einer „konservativ integrierten" Familienwelthaltung wurde, davon erzählt auch der sagenhafte Erfolg von „The Road Less Travelled" von M. Scott Peck. Das Buch über Spiritualität, Liebe und Familienwerte ist seit Jahren auf der Weltbestsellerliste.

Selbst in Kulturkreisen, in denen Familie eher ein Negativwort war, etwa bei den Grünen, gab es schon Ende der Achtziger eine wütende Debatte über das Muttersein. Sogar in narzißtisch orientierten Zeitschriften wie der *Männervogue* wird heute wieder Familie als

Wert beschworen. Und ein Parfüm avancierte zum Bestseller, bevor es überhaupt auf dem deutschen Markt erhältlich war. Es arbeitete mit starken, heroischen Familienbildern und einem klaren Wort: Eternity.

Zu diesem Shifting in Richtung Family values gehörten auch die naturwissenschaftlichen Theorien. Wer in den Sechzigern, Siebzigern und Achtzigern das Wort „Vererbung" in den Mund nahm, war praktisch schon ein Rechtsradikaler. Scannt man heute populärwissenschaftliche Publikationen unter Trendgesichtspunkten, wird deutlich, daß immer mehr Vererbungstheorien angeboten werden. Das Soziale, Gesellschaftliche hat als alles erklärendes Moment ausgespielt – nun schlägt das Pendel in die andere Richtung. Es sind plötzlich nicht mehr die Gleichheiten, sondern die biologischen Unterschiede zwischen Männern und Frauen, die betont, entdeckt und untersucht werden. Es sind nicht mehr die frühkindlichen Erlebnisse, sondern die biologischen Programmierungen, die für Erklärungen psychischer Probleme herangezogen werden. Und der neue Hauptfeind heißt **Narziß**.

Kein Zweifel: Der Held der kommenden Tage ist nicht mehr der bindungslose Rebell, ist kein melancholischer Lonesome rider. Er reitet eher andersherum – nach Hause, als verbindlicher, treuer Freund, als Kumpel in der Auseinandersetzung mit einer ausgeflippten Welt. Bewahrung zählt wieder mehr als Aufbruch, Verbindlichkeit schlägt die Offenheit, Kontinuität steht über Phantasie, Charakter wird höher bewertet als Schnelligkeit, Kreativität und Genußfähigkeit.

Narziß

Eine Auswahl großer Anti-Narziß-Artikel der Jahre 92/93: „Das Ende des Ich-Kults" *Psychologie heute*, Cover-Geschichte, „Dauerhaft ist nur die Trennung – über den Zerfall stabiler Beziehungen" *Spiegel*, „Ich – das Maß aller Dinge" *Profil* usw.

DAS BEDÜRFNIS NACH ERZIEHUNG

Besonders im Umgang mit Kindern ist dieser neue Wind spürbar. Die Pädagogik, eine heimliche Leitwissenschaft des Wertewandels, entpuppt sich angesichts der Probleme der modernen Gesellschaft – von der „Singleisierung“ bis zur Gewalt in den Schulen, von Horrorvideo über Drogensucht bis zum Rechtsradikalismus – plötzlich als vollkommen hilflos.

Der liberale Pädagoge der späten Siebziger, der Propagandist der Selbstverantwortung und Selbstregulierung, der einst so etwas wie ein geheimer Guru dieser Gesellschaft war, kommt mit seiner milden, sonoren Botschaft, die Kinder würden schon „zu sich selbst finden“, wenn man sie nur ließe, nicht mehr an. Er ist sogar zu so etwas wie einem „schwarzen Mann“ geworden, dem man einen Großteil des Schlamassels in die Schuhe schiebt.

Natürlich ist die Schuldzuweisung an die antiautoritäre Pädagogik ein typisches Entlastungsmanöver. Der Autoritätsverfall und die „narzißtische Revolution“ haben ihre Ursachen in einem breiten, völlig unideologischen Modernisierungsschub, der insbesondere von konservativer Politik in den Achtzigern begünstigt wurde. Aber auch auf dem Feld der Erziehung ist es vor allem eine Bilderkrise, die die Dinge so unendlich kompliziert macht. Die Demontage mütterlicher und väterlicher Rollen im gesellschaftlichen Diskurs ist so gründlich, daß Elternschaft heute fast zwangsläufig eine Selbstbildkrise erzeugt: Wer Kinder bekommt, wird aus

„Man hat inzwischen Angst bekommen vor dem Imperativ. Aber ach, wie sehr sehnt sich unsere Jugend nach dem Satz: 'Heb das Ding auf, aber dalli.' Wie sehnen sich unsere Kinder nach der Empörung in der Stimme, nach Entrüstung im Gesicht des Lehrers, nach dem lauten Ton, der die Grenze zieht zwischen dem Ewig-Beherrschtsein, das alles gleichermaßen problematisiert, und der Deutlichkeit..."
(Eine Pädagogin im *Spiegel* 1993)

dem gesellschaftlichen Normensystem, wie es sich zumindest in den Städten auf breiter Front durchgesetzt hat, erst einmal aussortiert. Er steht unter Legitimationsdruck. Er wird aus dem fundamental hedonistisch orientierten Wertesystem ausgegliedert. Deshalb ist die „Kinderfrage" heute in einem Maße emotional aufgeladen, daß sie für junge Paare oft unlösbar wird – was zu einer erneuten Umdrehung in der Spirale der postemanzipativen Beziehungskrise führt.

Auch von der Kinderseite aus betrachtet, ist Erziehung in unseren Tagen eher ein vertracktes Rätsel denn eine Selbstverständlichkeit. Man hört bei Kindern ab fünf immer wieder Töne der Autoritätssehnsucht. Viele Gewalt- und Verwahrlosungsphänomene hängen längst nicht mehr mit autoritären, schlagenden, sondern mit schwachen, abwesenden, weichen, konturlosen Vätern und Müttern zusammen, die nicht mehr in der Lage sind, Normen und Grenzen zu setzen, Orientierung zu bieten – und dies keineswegs nur in der Unterschicht.

Parallel sind das Artikulations- und Kritikvermögen der „Kids" heute derart gestiegen, daß selbst Zwölfjährige perfekt ihre Bedürfnisse formulieren und die Eltern mit virtuoser Verbalität angreifen können.

Die Verfügbarkeit der elektronischen Medien hat eine „vagabundierende Zeichenkompetenz" geschaffen, die die Eltern-Kind-Verhältnisse unterminiert. Zehnjährige sind heute Computerexperten und lassen ihre Eltern „alt aussehen". Zwölfjährige verfügen plötzlich, durch den Zugang zu allen Medienkanälen, über Slangs und Expertenwissen, von denen ihre Eltern noch nicht einmal etwas ahnen können.

Zu diesem ganzen Problem hinzu kommt das gesellschaftliche Vakuum, mit dem Erziehung sich plötzlich konfrontiert sieht. Die Institutionen, die bislang die Weitergabe von moralischen Normen betrieben – Kirchen, Schulen –, haben weitgehend an Einfluß verloren. Vorbilder, Helden, moralische Systeme gibt es nicht mehr, Politiker sind nur noch Projektionsleinwände für die Abarbeitung von Frust und Unlust, kurz: Das, was früher an „flankierender" Wertvermittlung stattfand und die Familie unterstützte, fällt zunehmend weg. In dieser Situation kommt dem „Elternhaus", wie es neuerdings wieder so schön einschmeichelnd genannt wird, eine ungeheure Verantwortung zu.

„55 Prozent der Bundesbürger wünschen sich 2 Kinder, 28 Prozent mehr als 2, 11 Prozent eines und 6 Prozent gar keines. Dagegen die Realität: 20 Prozent haben keines, 42 Prozent eines, 29 Prozent 2, 9 Prozent mehr als 2 Kinder."
Focus

Kein Wunder, daß das Eltern-Individuum unserer Tage völlig überfordert ist. Es ist eingeklemmt zwischen den alten Ansprüchen der pädagogischen Emanzipation, dessen scharfe Töne noch lange nicht verklungen sind (sei tolerant, versteh alles, kritisiere dich selbst, Kinder sind wehrlos, schutzlos, immer im Recht, Eltern sind per se klammernd, fordernd, unfähig zum Verstehen), und der neuen Rolle als Retter der Gesellschaft (du als Elternteil bist verantwortlich für Gewalt und soziale Desintegration, du mußt stark sein und konsequent).

Aus diesem Paradox entsteht zunehmend Reibungswärme: Frust, Ungeduld und Aggression formen sich allmählich zu einem „familiären Flashback", zu einem neuen „Zorn der Familien".

PROGNOSE: DIE ZEICHEN WERDEN FAMILIÄR

Auf den „Zeichenoberflächen" unserer Kultur kann man daher deutlich einen Wandel beobachten. Die Familie, die im Chiffrensystem seit längerem höchstens in der Werbung zu Tütensuppen oder Auslesekaffees vorkam, gewinnt allmählich Terrain zurück. Dabei ist es faszinierend zu beobachten, wie „verlegen" diese Bilder sind. Da es heute kein positives Familienbild jenseits überkommener Klischees gibt, „tastet" sich die neue Familienästhetik langsam vor.

Eine Tendenz in der Werbung ist die Heroisierung. Im Jahre 1993 wurde für das Parfüm Eternity eine große Kampagne gestartet und überschwemmte die Städte mit riefenstahlähnlichen Bildern von Vater-Kind- oder Mutter-Kind-Monaden. In Schwarzweiß Fotos mit Pastelltönen dargestellt, bekam die „neue" Familie hier etwas wunderbar Abgehobenes – man schleicht sich aus dem „Jenseits" an das Thema heran.

Etwas realistischer waren die Bilder, die im Zusammenhang mit dem Relaunch zweier Frauenzeitschriften erschienen. Familie wurde hier als Trutz- und Schutzgemeinschaft dargestellt, mit der Frau als „kämpfender Heroine" im Mittelpunkt. Der Mann und Vater ist eher eine Nebenfigur, freundlich, ernst und zugeneigt zwar, aber nicht im Zentrum.

Die neue Familie, die sich da herausschält, in groben Zügen beschrieben: Sie ist eher ökologisch orientiert, sie setzt auf warme Verbindlichkeit als Grundwert, eher auf freundschaftliche denn leidenschaftliche Lie-

„Der Münchener Musikproduzent Curtis Briggs war früher ein Aufreißer. Die schönsten Frauen, das beste Auto. Nur manchmal überkam ihn ein schlechtes Gewissen. Aber als dann seine Frau das zweite Kind erwartete, wurde seine Suche nach Sinn dringlicher. Jetzt hat er eine Vereinigung von Künstlern gegründet, die sich für die Erhaltung der Umwelt einsetzt. Briggs arbeitet heute mehr denn je, verdient viel weniger Geld – und findet, daß sein Leben einen Sinn hat." (Aus einer Reportage über 40jährige Männer im *stern*)

besdefinitionen. Von der „Familienkonferenz-Familie" der Emanzipationsära unterscheidet sie sich durch die Wiederentdeckung einer eher sozial und „natürlich" gesehenen Autorität und einer neuen Bereitschaft, biologische Rollenmuster anzuerkennen – Mutter- und Vaterschaft werden nicht mehr androgyn aufgelöst, sondern in ihrer **Andersartigkeit** respektiert. Einen wesentlichen Teil ihres inneren Sinns zieht sie aus einer gemeinsamen Abwehrhaltung gegen die Probleme der modernen Gesellschaft; Vater, Mutter und die Kinder engagieren sich gegen Drogenkonsum, Umweltverschmutzung, Gewalt in den Schulen: So wird der Generationskonflikt im Kampf gegen eine als Zumutung empfundene Umwelt nivelliert.

Konsumverzicht wird als Ideologie wiederentdeckt – erstens fehlt das Geld, besonders in der Rezession, zweitens macht sich zunehmend die Erkenntnis breit, daß ein Übermaß an Konsumartikeln „die Kinder nur verdirbt". Das Reizthema „Hausfrau" wird zugunsten eines „weiblichen Familienmanagements" aufgelöst: Die Frau ist das neue Familienoberhaupt. Sie bekommt, als Ersatz für ihre Überbelastung, als Gratifikation für ihre neue Bereitschaft, zu Hause zu bleiben, einen „Aufmerksamkeitsbonus".

Die moderne Reformfamilie löst sich aber auch aus ihrer kleinfamiliären Isolation. Großväter und -mütter werden wieder in die Kinderbetreuung einbezogen, und wo das nicht geht, sucht man nach Lebenskombinationsformen, die die alte Idee „Wohngemeinschaft" mit „Familie" verbinden. Zusammen kann man sich

Andersartigkeit

Auf die Frage, ob Frauen ganz anders als „Männer denken", antworten 78 Prozent der Frauen mit Ja, 10 Prozent mit Nein. 66 Prozent der Frauen bewerten diese Unterschiede positiv, 24 Prozent eher negativ. (Aus der *Für Sie*-Frauenstudie)

dann – die moderne Dienstleistungsgesellschaft läßt grüßen – das Kindermädchen, die Putzfrau oder Haushaltshilfe leisten. Freunde und Bekannte übernehmen Onkel- und Tantenrollen, die Integration ins soziale Umfeld wird deutlicher in ihrer Bedeutung als familiäre Entlastung gesehen.

Schließlich und endlich geraten auch scheinbar periphere Phänomene in den Sog des familiären Comebacks: Das Durchschnittsalter bei den ersten sexuellen Erfahrungen ist bei Jungen und Mädchen heute wieder im Steigen begriffen, und das nicht nur wegen Aids. Die Ehe bekommt bei den Jüngeren wieder das Flair einer gewissen Heiligkeit; gerade weil familiäre Harmonie offenbar so schwierig und unerfüllbar geworden ist und sich die **Scheidungskultur** in den Mittelschichten ausgebreitet hat, erntet sie eine Bewunderung. Issues wie „Freundschaft", jahrzehntelang von der Suche nach der großen Leidenschaft übertönt, geraten wieder in den Fokus der Gefühlsbedürfnisse. In diesem Zug werden auch „freiwillig zölibatäre Lebensformen" ausprobiert: Anstatt sich den Verletzungen der narzißtischen und postemanzipativen Beziehungskulturen auszusetzen, leben junge Leute zwischen 16 und 35 plötzlich keusch – und warten geduldig auf den Mann oder die Frau des Lebens.

Scheidungskultur

„Einmal die Woche Frauengruppen, Selbstverwirklichung, Demos und dann immer mit den Männern streiten, gegen die kämpfen. Nee."
(Die 15jährige Schülerin Camilla in der *Zeit* über ihre feministische Mutter)

TEDDYBÄRENWELT

Warum im Universum der Waren alles rund und knuffelig wird und warum die Lust aufs Erwachsenwerden gegen Null tendiert.

Man muß kein Trendforscher sein, um diesen Trend bewußt wahrzunehmen. Die Dinge sprechen eine deutliche Sprache: Alles wird rund. Die Stereoanlagen, die sich vor wenigen Jahren noch matt, kühl und kantig auf den Regalen ausbreiteten, haben plötzlich gerundete Ecken. Ghettoblaster, vor fünf Jahren noch rechtwinklige Koffer, kommen heute eierförmig oder oval daher, nicht selten in der Eier- oder Stromlinienform der fünfziger Jahre. Sofas, die sich mit klaren, geraden Linien in den Wohnzimmern der Achtziger ausbreiteten, haben heute ungeheure Wülste, den Sesseln wachsen Ohren, sie heißen plötzlich „Knuff“ und sind extrem rund und knuffelig. Sogar der Sitzsack, dieser knirschende Styroporsitzaltar der Siebziger, ist wieder käuflich zu erwerben. Adieu Bauhaus, adieu Braun-Design. Selbst die geliebten Chromstahlschwinger werden von bunten Stühlen mit geschwungenen Linien abgelöst.

Besonders deutlich, bis hin zur Karikatur, wird die allgemeine Verrundung der Warenwelt jedoch beim Auto. Als die Japaner im Jahre 1991 das „Ei“ auf den Markt brachten, den Mazda 121, lachte die gesamte Autowelt – ein häßliches Entlein schien da geboren, für ein paar verrückte Studenten gerade gut genug. Aber das seltsame Gefährt erwies sich als Renner bei den Frauen, und dann kam der rundliche Golf III auf den Markt, und niemand lachte mehr laut. Inzwischen stehen landauf, landab in den Autosalons praktisch nur noch kugelrunde Autos. Und wer einen kastenförmigen Volvo fährt, kommt sich bisweilen vor wie ein ästhetischer Verbrecher (oder Rebell).

Runde Formen assoziieren Geschlossenheit, Einigeln, Konsens, Geborgenheit, Sehnsucht nach Wärme, Nest, Ei. „Rundwerdung" ist also immer auch ästhetisches **Cocooning**. Gleichzeitig deutet runde Ästhetik auf einen unterbewußten Wunsch nach Verjüngung hin. Dafür finden wir ohne Probleme weitere Anzeichen: Ein typisches Symbol der Kindlichkeit, der Teddybär, geriet anfang der Neunziger plötzlich zum Massenkultobjekt. Ganze Batterien von Teddybärenbüchern kamen auf den Markt, die Sammlerpreise stiegen ins unermeßliche – für einen kleinen, gut erhaltenen antiken Bären zahlt man heute gut und gerne tausend Mark. Und inzwischen ist der Teddybär längst aus seinen angestammten Terrains ausgebrochen. Auf dem Markt sind mattglänzende Autofelgen mit dem Bärenmotiv, Herrenunterwäsche, Koffer, Schlipse mit Teddybären darauf. Und das zarte Kosewort „Bärchen" hört man an jeder Ecke.

Regression ist laut Duden eine „Reaktivierung entwicklungsgeschichtlich älterer Verhaltensweisen bei Abbau oder Verlust des höheren Niveaus, z.B. das

Cocooning

Mit diesem Begriff bezeichnet die amerikanische Trendforscherin Faith Popcorn den Hang zum „Einigeln im eigenen Heim".

Zurückfallen auf frühere, kindliche Stufen der Triebvorgänge". Ende des Jahres 1992 tauchten in Spielwarenläden, Kiosken und Accessoire-Boutiquen plötzlich Schnuller auf. Nicht einfache Babyschnuller, sondern große, kleine, riesige, bunte Schnuller, die von Jugendlichen gekauft wurden, um sie sich um den Hals zu hängen und in Diskos zu tragen. Wenig später wurde das Schnullermotiv vom Kunstgewerbe und der Goldschmiedezunft aufgegriffen – nun konnte man kleine silberne Schnullerchen, fein durchgearbeitet, am Handgelenk tragen. Zur gleichen Zeit wurde ein neues Glibberspielzeug auf dem amerikanischen Markt der Hit. Gak nannte sich dieses chemotechnisch verbesserte Slime oder Silly Putty, und benutzt wurde es auch von den Älteren in der Schule, um die Klassenräume bis zum Inferno zu verkleistern (Gak kann man von einer Ecke des Raumes bis zur anderen ziehen, wie ein monströses Käsefondue).

Regression also. Man spürt ihre Ankunft auf dem Terrain der Sprache schon seit Jahren. In der „Verweichlichung" der Jugendsprache in „irgendwie" und „irgendwas", in „geil, heee" und „oi, Alder". Im Siegeszug des „Pubertismus" von Brösel bis „Wayne's World", in der Wiederkehr der Kindlichkeit im Fernsehen, mit Witzsendungen für Erwachsene und Verstehen-Sie-Spaß-Humor und grölendem Gelächter beim Tortenwerfen – wohlgemerkt, Erwachsene werfen Torten auf Erwachsene –, im pubertär-analen Humor der Comicfiguren Ren und Stimpy oder des „Kleinen Arschlochs". Begleitend marschiert eine ganze Armada kind-

„Schnuller, Teddybären, Knuddeltiere: Was geht hier vor sich? Nennen wir es die neue Infantilisierung. Menschen, die alt genug sind, um das Wahlrecht auszuüben, kleiden sich und handeln, als müßten sie bald ein Bäuerchen machen." *Newsweek*

licher Ikonen in Richtung Erwachsenenwelt. Da wirbt plötzlich Asterix für ein großes Reiseunternehmen – Zielgruppe: Personen um die fünfzig. Da daddelt eine halbe Erwachsenengeneration mit Gameboys herum und hat sich klaglos der Ästhetik der Jugendmode angepaßt – von den High-Tech-Turnschuhen bis zum Sweatshirt mit Snoopy- und Batman-Motiven. Da wird eine japanische Teenie-Gruppe, Durchschnittsalter vierzehn, die im Piepsstil lustige Liedchen von Liebe und Schule singt, zur **Kultband**. Und 28jährige nehmen ihren auf dem Dachboden der Eltern wiedergefundenen Stoffhasen aus dem Kinderbett mit ins Büro, weil sie das „irgendwie süß finden". Die Kollegen finden's eigentlich auch ganz gut. Wir brauchen doch alle irgendwas zum Kuscheln, oder?

Kultband

„Sie sehen aus, als hätte sich ein Spielzeughersteller eine Popband ausgedacht. Und sie singen über Dinge, von denen Erwachsene glauben, daß Kinder sie mögen: Eiscreme, Schokoriegel, Zoobesuche und Raumschiffe. Im Untergrund gilt die japanische Popgruppe 'Shonen Knife', drei Mädchen aus Osaka, als Kultfiguren." ***Spiegel***

Kuscheln, es sich gemütlich machen, eine neue „Verplüschung der Welt". Zu diesem Trend gehört auch die Tatsache, daß immer mehr Jugendliche – besonders männliche Jugendliche – die Trennung von Papa und Mama hinauszögern, soweit es geht. War es vor zehn, zwanzig Jahren noch Ehrensache, so schnell wie möglich von „zu Hause abzuhauen", so bleibt man heute doch besser unter Muttis fürsorgender Aufmerksamkeit. Das „Hotel-Mama-Syndrom" war bereits Thema mancher Talk-Show und Radiosendung.

DIE VORTEILE EWIGER KINDHEIT

Betrachten wir die Sache einmal mit aller Nüchternheit: Warum sollte ein vernünftiger Mensch heutzutage erwachsen werden wollen? Noch vor zwanzig

Jahren hätte man bei einer solchen Frage verständnislos den Kopf geschüttelt. Frei sein, selbst entscheiden können, seine eigenen Wege gehen, weg aus dem Dunst und der Stickigkeit der elterlichen Wohnung!

Heute wirken diese Argumente zumeist in die umgekehrte Richtung: Mehr Entscheidungsgewalt über sein Leben hat, wer zu Hause bleibt und sich nicht dem Überlebenskampf „da draußen" aussetzt. Und Erwachsensein hat offenbar mehr mit Sorgen und Nöten zu tun als mit der Souveränität über die eigene Person.

Mehr Geld? Auch das ist überaus fraglich angesichts der heutigen Mieten in den Ballungsräumen, angesichts des Verblassens der Wohngemeinschaftsutopie, die vorangegangenen Generationen noch ein würdiges, wenn auch oft ökonomisch knappes Überleben außerhalb des Elternhauses sichern konnte.

Häusliche Enge? Nicht nur, daß der durchschnittliche Wohnraum pro Individuum in den letzten zwanzig Jahren um rund die Hälfte gestiegen ist. Die 15- bis 25jährigen von heute haben überwiegend eine liberale Erziehung in den Achtzigern genossen, Verbote und moralische Einengungen sind in der Mittelschicht selten geworden.

Es bleibt also wenig übrig von der gloriosen Idee des „Erwachsenseins". Das Gründen einer eigenen Familie ist zwar damals wie heute immer noch der häufigste Grund eines Auszugs aus dem Elternhaus, aber auch hier haben sich Gewichte verschoben: Man sucht, gerade wenn man Kinder bekommt, eher die unterstützende Nähe der Eltern und Großeltern.

Die ästhetischen Zeichen der Regression haben damit ein soziologisches Fundament. Es sind Codes für eine kollektive Weigerung, Verantwortung zu übernehmen, obendrein für die zunehmende Unschärfe der Grenzen zwischen Kindlichkeits- und Erwachsenenkultur. Auch bei den tatsächlich Erwachsenen gerät Erwachsensein ja zunehmend immer mehr in Verruf. Nicht nur, daß Medien und Werbung unaufhörlich die Idee der Jugendlichkeit als gesellschaftliches Ideal propagieren, auch die emanzipativen Bewegungen erodieren langsam, aber stetig die tradierten Lebensphasenbilder. Der „neue Mann" ist kindlich, verspielt, er kann sich gehenlassen, Quatsch machen, über Witze lachen. Die „neue Frau" ist Madonna, Püppchen, Vamp und verständnisvolle Mutter in einem. Die „neuen Alten" sind alles, nur nicht alt. Legion sind heute bereits die Artikel und Traktate, die nachweisen und fordern, daß man eigentlich Sex auch mit achtzig noch haben kann und muß, daß es weder für Berufswechsel noch für Weltreisen, noch für Amouren irgendeine Art von Altersgrenze gibt. Die Konsequenz von alledem marschiert dann in Gestalt der „Golden Girls" auf – quietschige alte Tanten mit pubertärem Verhalten. Der Kreis schließt sich: Die Alten rächen sich am Jugendlichenkult, indem sie Verkehrs- und Kulturformen der Jungen einfach klauen und persiflieren.

Die Welt der Regression ist zudem eine Gegenwelt gegen die ernste, von neuen und zurückgekehrten Härten geprägte Welt des Europas der Mittneunziger. Elend und Krieg, Rezession und soziale Desintegra-

Besondere Verkaufshits

Im Winter 1992 laut Angaben des Einzelhandels: Pelze und Teddybären. Knuddel-culture pur.

tion kommen in ihr nicht vor. Eine Kultur, in der die regressive Formensprache verbreitet ist, signalisiert damit: Wir wollen zurück. Zurück in eine Welt der Unschuld, der glänzenden Augen, der ungestraften Müdigkeit, des Hasimausi und Schnuckiputzi. Die Kuschelwelt hat längst ihre Gurus wie Thomas Gottschalk gefunden, ihre Kultnaschereien wie Gummibärchen, ihre Superstars wie Garfield, den ewig verschlafenen Kater. In der Welt der Regression regiert auf angenehme Weise die Eindeutigkeit. Das Kinderzimmer mit seinen Träumen von Pferden, Sonnenuntergängen, Kumpelhaftigkeit und Unschuld wird über das ganze Leben ausgedehnt. Wer es schafft, in ihm zu verweilen, der ist fein raus aus unserer modernen, verwirrenden Welt.

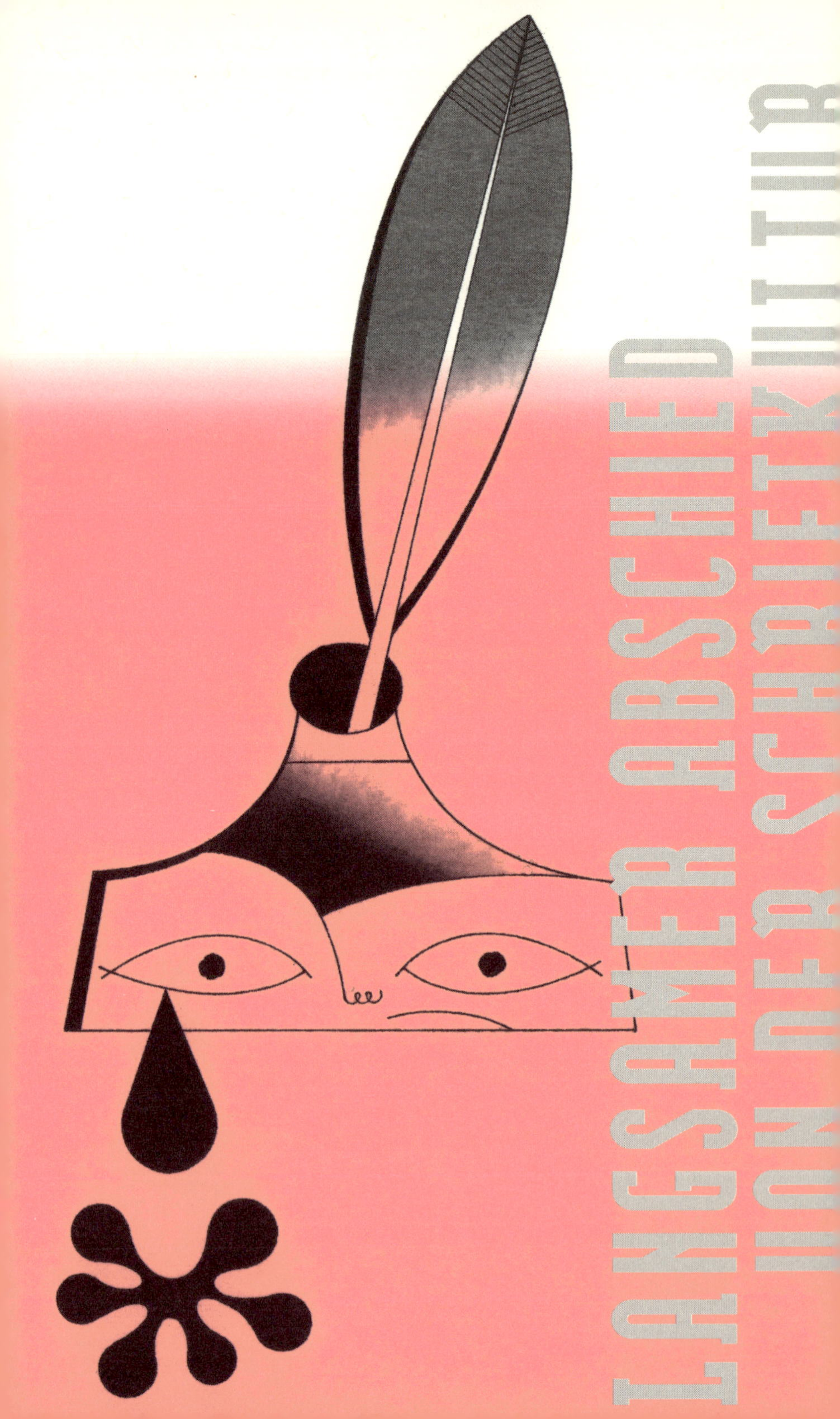
LANGSAMER ABSCHIED
VON DER SCHRIFTKULTUR

Wie die Trivialisierung unsere Alltagswirklichkeit radikal verändert, wie sich besonders Jüngere von der Schriftsprache entfernen und wie sich entlang der Medienfrage ein neuer Generationskonflikt anbahnt.

Die Lage an der Medienfront ist düster. Auf allen Kanälen ist eine Art Höllensabbat ausgebrochen. Harmlose Hausfrauen aus Diedenbergen oder Oldesloe lassen zur besten Sendezeit die Hüllen fallen. Brave Familienväter sind sich für keine Demütigung vor der Kamera zu schade, um einen Turbostaubsauger, einen Herd mit Fuzzy-Logik oder eine Kreuzfahrt zu gewinnen. Das Glücksrad dreht sich immer schneller: Horst, Egon und Fritz aus dem Ruhrgebiet stellen sich einer Horde kreischender Weiber, die mit Funktelefonen über den schönsten Bizeps abstimmen. Graumelierte, etwas nervöse Herren mit Schurrbart berichten uns von seltsamen Ufo-Begegnungen oder kommentieren gräßliche, blutige Unfälle, live gefilmt. Nachts um eins wird auf mindestens drei Kanälen gerammelt und gestöhnt. Dazwischen toben verbale Schlammschlachten in Talk-Shows über Kindersex und den Krieg in Bosnien. Wirrheit herrscht in den Köpfen. Die Medien sind los.

Common sense

Aus heutiger Sicht muß man das Fernsehen der sechziger und siebziger Jahre als didaktisches Medium begreifen. „Demokratisch kontrolliert zum Wohle des Volkes."

Nichts – noch nicht einmal die Wiedervereinigung – hat die bundesrepublikanische Kulturlandschaft so erschüttert wie die Privatisierung des Fernsehens. Ach, waren das noch schöne Zeiten! Als unsere gute alte Glotze mit ihren zweieinhalb Programmen gleichzeitig so etwas wie ein **Common sense**-Generator war. Jeder Deutsche konnte morgens über dieselben Sachen reden, über Kulenkampff und „Derrick" und das Feature über die Wale. Das öffentlich-rechtliche Zeitalter mochte schreckliches Proporzgerangel hinter den Kulissen bedeuten – aber es garantierte auch einen öffentlichen Diskurs, in dem noch nicht alles verkauft, entzaubert, eben trivialisiert war. In der Flut der Bilder herrschte noch eine gewisse Ordnung und in unserer gesellschaftlichen Wirklichkeit das Wort.

DAS WORT VERBLASST

Können wir einen Satz wie „Die Leute lesen in den Neunzigern immer weniger" umstandslos unterschreiben? Viele Anzeichen deuten in der Tat darauf hin. Die durchschnittliche Leseaufmerksamkeit bei Zeitschriftenkunden – mehrere Studien der letzten Jahre stimmen hier überein – geht zurück. Kurze Texte, kurze Zeilen, sonst reagiert der Leser ähnlich wie beim Fernsehen mit Abschalten. Untersuchungen bei Schulkindern weisen nach, daß die Konzentrationsfähigkeit bei Schülern aller Altersklassen immer begrenzter wird. Der Zeitaufwand für das Bücherlesen ist, nach einer Untersuchung des B.A.T. Freizeit-Forschungsinstituts, von täglich 22 Minuten im Jahre 1980 auf 18 Minuten 1990

Die Bildungsexplosion in Zahlen:
- **1971: 478 356 Studenten**
- **1981: 1 121 434 Studenten**
- **1991: 1 579 006 Studenten**
- **1993: 1 800 000 Studenten**

zurückgegangen. Viele Druckmedien, besonders die Tageszeitungen, haben in den letzten Jahren bei den jüngeren Lesern (zwischen 16 und 30) Einbrüche erlebt. Die Analphabetenquote in Deutschland steigt wieder, auch dies ein untrügliches Zeichen dafür, daß sich eine Kultur von der Schrift entfernt.

Und dennoch gibt es auch Zahlen, die in die andere Richtung deuten. 1991 wuchs der Umsatz mit Büchern in der Bundesrepublik um 12 Prozent. Die Zahl der Neuerscheinungen bei der jährlichen Frankfurter Buchmesse ist kaum rückläufig. Deutschland ist nach wie vor ein **Bücherland**. Auf 11 000 Einwohner kommt ein Buchladen, das macht 7220 Buchläden insgesamt, fast die doppelte Quote wie in Amerika. Jeder Deutsche gibt im Durchschnitt 175 Mark pro Jahr für Bücher aus. Das Angebot an Zeitschriften, Tages- und Wochenzeitungen hierzulande ist nach wie vor üppig. Das große Verlagssterben, jedes Jahr aufs neue prognostiziert, ist bislang nicht eingetreten.

Wie also? Die Lesezeit geht zurück – aber der Umsatz mit Büchern steigt immer noch? Die „Strukturveränderung des Bücherlesens" hat folgende Konturen:

Das Verschwinden des Mittelfeldes. Die Schere zwischen dem, was auf den Bestsellerlisten steht, und der großen Masse der Bücher wird größer. Anders ausgedrückt: Ein immer größerer Prozentsatz des Umsatzes mit Büchern wird mit hochauflagigen Büchern gemacht. Das zeugt von der größeren Einbindung der Buchkultur in die restliche Medienkultur – Bücher müssen feuilletonistische „Ereignisse" sein, um wahrgenommen zu

Bücherland

Im Jahre 1990 gaben die Bundesbürger 11,5 Milliarden Mark für 550 Millionen Bücher aus – 22 Prozent mehr als vier Jahre zuvor.

werden. Der kleine Gedichtband, das engagierte Prosaobjekt, das soziologische Traktat verschwinden allmählich vom Markt. Im unteren Auflagenbereich bricht den Verlagen die Ökonomie weg – früher konnte sich ein Buch mit 1500 Exemplaren verkaufter Auflage lohnen, heute müssen es schon 3000 sein. Die Laufzeiten werden kürzer, ein Buch wird schneller wieder aus dem Ladenfenster genommen. Mancher Vertreter eines großen Verlages erlebt bei seinen Reisen in die Provinz blaue Wunder. „Geben Sie mir Ihre drei besten Bücher vom Herbstprogramm – den Rest nehmen Sie wieder mit."

Aufladung mit symbolischer Bedeutung. Tatsächlich werden viele Bücher womöglich nur noch gekauft – aber nicht mehr gelesen. Stephen Hawkings „Eine kurze Geschichte der Zeit" scheint diese These zu bestätigen. Die Frage ist nur: War dies je anders? Gab es das „Repräsentationsbuch" nicht immer schon, bis hin zu jenen „Placebo-Büchern", die man sich in den Sechzigern, als man alles andere im Sinn hatte als Lesen, in die neuerworbene Eichenschrankwand stellte? Die Krise des Taschenbuchmarktes jedenfalls weist auf die veränderte Nutzung von Büchern hin: Wurden früher teure Hardcover erst als Taschenbuch zu Bestsellern, verkaufen sich heute selbst große Erfolgsbücher, die meist innerhalb von zwei Jahren als Taschenbuchausgabe erscheinen, dann nicht mehr viel.

Serviceorientierung. Es ist der **Lesemix**, der sich verändert. Computerbücher, Kochbücher, How-to-do-Bücher, Reiseliteratur – im Sachbuchbereich sind im-

Lesemix

9 Prozent aller gelesenen Bücher sind Schulbücher, 15 Prozent Fachbücher, 10 Prozent Hobby-, Freizeit- und Reiseliteratur, 7 Prozent Kinder- und Jugendkultur, nur 11 Prozent Belletristik.
Focus

mer noch Zuwachsraten zu verzeichnen, während auf dem Prosasektor die Absätze schrumpfen. Die moderne technische Welt erzeugt Erklärungsbedarf, der bisher – so scheint es – am besten vom gedruckten Wort gedeckt wird.

Gibt es also ernsthaft Grund für jenen kulturpessimistischen Klagegesang? Steht der Untergang des Buches und damit der des Abendlandes wirklich bevor? Oder pendelt sich die Nachfrage nach Büchern, die in der Zeit der Bildungsexplosion während der siebziger Jahre künstlich in die Höhe getrieben wurde, einfach wieder auf ein Normalniveau ein? Hat die fast schon erotische Beziehung der Deutschen zum Buch nicht auch eine – sanft ausgedrückt – neurotische Komponente? Oder verbirgt sich hinter dem Kampf „elektronischer Medien gegen Schriftkultur" womöglich etwas ganz anderes?

DIE MULTIMEDIALE GENERATION

Nehmen wir einen typischen Vertreter der jüngeren Generation, einen „Vielmediennutzer", wie er heute typisch ist für die großstädtische Jugend. Nennen wir ihn Michael. Michael ist zwischen 25 und 30 Jahre alt; gut ausgebildet, sind seine Chancen auf einen gutbezahlten Job trotz aller wirtschaftlichen Alarmsignale hoch. Michael ist seit seiner frühen Pubertät gewohnt, mit Medien umzugehen. In seinem Kinderzimmer gab es bereits im zarten Alter von 15 Jahren eine Stereoanlage, und als er 18 war, schenkten ihm seine Eltern einen kleinen Farbfernseher. Mitte der Achtziger begann Mi-

Die Freizeithits der Deutschen 1992:
- **Fernsehen 29%**
- **Kochen, Backen 19%**
- **Partys, Kneipen 15%**
- **Kultur 9%**
- **Nichtstun 5%**

chael mit einem Heimcomputer zu experimentieren, blieb aber ziemlich bald bei Videospielen hängen (Programmieren war ihm auf Dauer zu mühsam), was er aber nach ein, zwei Jahren zugunsten einer eher außerhäuslich, in Richtung Disco orientierten Phase wieder aufgab. Mit 20 hatte er sich das Geld für einen Videorecorder zusammengespart, den er eine Zeitlang intensiv nutzte. Heute ist sein Interesse am Fernsehen etwas abgeflaut, aber immer noch ist „die Glotze“ sein Primärmedium. Tageszeitungen liest er manchmal, ebenso wie Zeitschriften. Er mag sich da nicht binden. Mal *stern*, mal *Spiegel*, mal *Die Zeit*, hin und wieder auch *Tempo*. Aber so richtig anfreunden kann er sich mit keinem dieser Presseprodukte. „Sein“ Blatt gibt es nicht. Er vermißt es auch gar nicht. Es würde nicht in sein Konzept eines „virtuellen Medienmixes“ passen. Comics etwa, in all ihren Formen, gehören für ihn zur Kultur. Auch Bücher liest er, ja doch, aber nicht entlang der Hitparade, eher anarchisch, nach Zufällen, von Sachbuch bis Reiselektüre, von trivial bis zu einem Buch über Quantenphysik.

Michaels Wahrnehmung – und damit sein Weltbild – ist geprägt von der rapiden Evolution der Medien in den letzten zwanzig Jahren. Aber anders als Angehörige jener Generation, deren Mediengewohnheiten durch das „Primärmedium“ Buch und allenfalls noch das Radio geprägt wurden, hat er einige Fähigkeiten entwickelt, die vielen Älteren abgehen:

Filterfähigkeit. Im Gegensatz zur 68er-Generation, die in der Frühzeit des Fernsehens und der weltumspannenden Kommunikation aufwuchs, erlebt Michael das durch die Medien Transportierte nicht mehr als unmittelbare, hautnahe Erfahrung. Er fühlt sich nicht mehr für jedes Elend, das ihm auf dem Bildschirm gezeigt wird, persönlich verantwortlich.

Positiv ausgedrückt: Er kann zwischen seiner Wirklichkeit und Medienrealität unterscheiden. Er ist in der Lage „abzuschalten“, eine Grenzlinie zwischen seinem psychischen Wohlbefinden und der Flut der Mitteilungen zu ziehen, die über den Bildschirm hereinfallen. Für ihn sind die Ereignisse im Fernsehen zunächst rein „virtueller“ Natur.

Mediale Skepsis. Michaels Medienkompetenz bezieht sich auch auf die Machart des Mediums. Er weiß um die Gesetze im Spiel der Bilder, weiß, wie sehr das Fernsehen darauf erpicht ist, Skandale zu produzieren, zu übertreiben. Deshalb ist er zunächst skeptisch gegenüber allem, was er auf der Mattscheibe zu sehen bekommt. Dieser Vorbehalt gilt nicht nur für das elektronische Medium. Da Michael nie ein „Organ“ besaß, an welches er bedingungslos glaubte, ist er auch in der Lage, die „Konnotationen der Objektivität“ anzuzweifeln. Er weiß genau, daß sich hinter der scheinbaren Neutralität des *Spiegel* eine Welthaltung versteckt, daß er immer auch eine Philosophie „mitkauft“, so seriös das Medium auch sein mag.

Zeitraffer. Schließlich und endlich hat Michael zwangsläufig lernen müssen, mit seiner knappen Zeit umzugehen. Die marodierende Konkurrenz, die die Medien rund um sein junges Bewußtsein entfacht haben,

Von je 100 Fernsehzuschauern haben während des Fernsehens:
- **sich mit anderen unterhalten 23%**
- **zu Abend gegessen 20%**
- **gelesen 19%**
- **telephoniert 12%**
- **zeitweilig geschlafen 9%.**

B.A.T. Freizeit-Forschungsinstitut

hat ihn in eine harte zeitökonomische Schule geschickt. Um bei diesem Überangebot überhaupt noch etwas mitzubekommen, muß er Informationen komprimieren.

Die adäquate Form für diesen Umgang mit den Medien ist der Clip. Michael ist in der Lage, eine Stimmung, einen Sachverhalt, eine Aussage innerhalb weniger Sekundenbruchteile aufzunehmen; mitten heraus aus dem Wirbel eines Werbespots oder eines Videoclips bleibt ein Momentum grandiosum, eine bestimmte Art, die Welt zu betrachten, bei ihm hängen.

Die vielkritisierte Clip-Kultur ist die Notwehr des Gehirns gegen die mediale Flut, eine Ökonomisierung und Rationalisierung unserer Sinneswahrnehmungen. Das erklärt auch die oftmals positive Besetzung der Werbung bei Jugendlichen: Die Pop- und Werbeästhetik konstruiert Brücken zwischen der medialen Flut und der Welt in unseren Köpfen, sie bietet ein „Konzentrat der Zeichen“, eine Zeichensprache, in der man sich leichter orientieren kann. Obendrein verfügt diese „Surrogatästhetik“ über eine gewisse Ehrlichkeit: Man bekommt erst gar nicht die Illusion vermittelt, es handele sich um Wirklichkeit. Das künstliche Universum der elektronischen Medien inszeniert im Clip und im Spot am direktesten und „echtesten“ sich selbst.

Das Problem an der heutigen Mediendebatte ist ihre Aufladung mit Projektionen und nur mühsam verhüllten Interessen. Es handelt sich um einen Kulturkampf, der mit viel verbalem Getöse und demagogischen Mitteln ausgetragen wird. Hinter Geschimpfe auf die jugendlichen „Videoten", im fast endzeitlichen Beschwören der verderblichen Wirkung des Fernsehens verbirgt sich tatsächlich ein neuer Generationskonflikt. Die Apologeten der Schriftkultur, die mindestens zweihundert Jahre lang gerade in Deutschland enorme Privilegien genossen, sehen angesichts der elektronischen Medienkultur ihre Pfründen davonschwimmen.

Bemühen wir uns um etwas Neutralität in diesem Kulturkampf. Bilder sind in der Tat bisweilen stärker als Worte. Aber wo, um alles in der Welt, steht geschrieben, daß das geschriebene Wort per se „gut" sei und das Bild „schlecht"? Womöglich macht die Flut der Bilder nicht nur deshalb angst, weil wir noch nicht gelernt haben, mit ihr umzugehen. Womöglich ist es auch ihre anarchische Qualität, die wir fürchten. Über das Fernsehen, über die Bilder kann heute praktisch jeder verfügen. Um Goethe zu verstehen, Leitartikel oder Traktate zu verfassen, muß man erst lange studieren.

FERNSEHEN ALS LAGERFEUER

Wenn Michael abends von der Arbeit nach Hause kommt, wirft er als erstes den Fernseher an. Wie seine Eltern. Aber im Unterschied zur ersten Generation der Fernsehkonsumenten legt er sich nicht mit hochgelegten Beinen auf die Couch und verzehrt Käsecracker, um irgendwann vor der letzten „Tagesschau" einzuschlafen. Er geht vielmehr allen möglichen anderen Beschäftigungen nach: bügeln, telefonieren, kochen, mit der Freundin schmusen, lesen, aufräumen, irgend etwas basteln.

Von 100 befragten Fernsehzuschauern haben sich während folgender Beiträge „mit anderen Dingen beschäftigt":
- **Werbesendung 77%**
- **Sportsendung 71%**
- **Politisches Magazin 68%**
- **Spielshow/Quiz 67%**
- **Nachrichten 57%**
- **Talk-Show 56%**

B.A.T. Freizeit-Forschungsinstitut

Während in den späten Siebzigern 85 Prozent aller Fernsehzuschauer auch tatsächlich fernsahen, wenn sie fernsahen, lag der Wert Ende 1992 bei gerade noch 38 Prozent, überwiegend in den älteren Schichten. Was wir erleben, ist nichts anderes als die Mutation des Fernsehens von der Common-sense-Maschine und dem Wirklichkeitsvermittler zur „Bildtapete". Zu weniger Fernsehen führt dies kaum. Zwar sinkt der Fernsehkonsum bei Familien und freizeitaktiven Singles vor allem zwischen 22 und 35 Jahren, zwar hinken die Deutschen mit rund 1000 Fernsehstunden pro Jahr und Kopf der Bevölkerung den Amerikanern (1500) immer noch hinterher, aber die steigende Anzahl von Singlehaushalten und einsamen alten Menschen macht diese Verluste wett. Das Fernsehen ist eben auch ein Fenster zur Welt, sein Ton- und Bildfluß hat etwas Beruhigendes, es übernimmt die Funktion, die das Radio einmal hatte: das Individuum an den „großen Diskurs" anzuschließen. Es funktioniert wie eine elektronische Nabelschnur: Es tröstet über Einsamkeit hinweg, und Einsamkeit wird in unseren Breiten ein soziales Massenphänomen. Dieser emotionale Transport ist längst wichtiger als die Inhalte und Botschaften des Mediums.

ZAPPING UND INTERAKTIVES TV

Fernsehen als Bildtapete ist die eine Möglichkeit. Mit der aktiveren Variante erobert sich der Konsument das Medium ein Stück weit zurück – er wird zu seinem eigenen Produzenten. Analog zum Sampling, einer in der Popmusik längst verbreiteten Methode des Schneidens, Zitierens, Überlagerns, Plagiierens, mit der man aus Versatzstücken ein Klangmosaik mit höchst eigenem neuen Charakter formt, verwandelt der **Zapper** das Fernsehen via Fernbedienung in einen Videoclip, in sein höchstpersönliches Kunstwerk.

Die Verwandlung zum „Zeichenteppich" ist ein Prozeß, der von den Sendeanstalten selbst fröhlich mitbetrieben wird – wahrscheinlich liegt er in der Natur der Sache. Auf der Hatz nach den Einschaltquoten benutzen die Produzenten immer drastischere Mittel und hektischere Methoden. Dabei entsteht automatisch absolute Beliebigkeit. Ob grausame Szenen aus dem Krieg im Balkan, eine schrille Talk-Show oder die Margarinereklame – alles bekommt die gleiche stakkatohafte Überreiztheit. Das Tempo nimmt zu, feuert den Zuschauer an, der schnell nach dem noch höheren Reiz sucht. Mit anderen Worten: Das Fernsehen trainiert den Zuschauer zum Fluchtreflex. In der zweiten Stufe wird die Herrschaft über die Fernbedienung dann zu so etwas wie Alltagskunst. Ich bastele mir nach Belieben meine eigene Mixtur an Bildern, Formen, Tönen, Symbolen. Ein „V-Effekt" stellt sich ein. Wie bei den Endlosinstallationen von Nam Jum Paik gerät das heimatliche Fernsehgerät zu einem Clip-Modul.

Der Fernsehzuschauer des Jahres 2000, dies kann man ohne allzu großes Risiko prophezeien, wird sich sein Vollprogramm individuell zusammenstellen. Er wird völlig frei sein von den Rhythmen und Zwängen der Sender und Sendeplätze. Und er wird mit den Angeboten interagieren. Wie dieses „interaktive" Fernse-

Zapper

Zappen stammt vom englischen Wort „abknallen" ab. Der *Grazer*, eine höher entwickelte Form des Zappers, sucht sich, „durch die Programme streifend", die witzigsten oder spannendsten Höhepunkte aus dem Programm. Der *Switcher* wiederum verfolgt mit seiner Umschalttechnik das Ziel, mehrere Sendungen gleichzeitig zu verfolgen.

„Im Modekanal zwei tolle Krawatten von Ferré und Cartier-Ohrringe für Helen entdeckt, auf Kanal 442 einen Multi-Hometrainer bestellt.“
Focus

hen funktioniert, kann man heute bereits in der Wirklichkeit bewundern. Im New Yorker Stadtteil Queens hat der Medienriese Time Warner seit 1992 ein Versuchsprojekt installiert. Einige tausend Haushalte sind dort mit Glasfaserkabeln an ein Sendezentrum angeschlossen, das insgesamt 150 Kanäle zur Verfügung stellt. Programme in jeder Sprache und für jede Minderheit sind abrufbar, auf 30 Kanälen laufen Spielfilme aus neuerer Produktion. In der zweiten Ausbaustufe, ab etwa 1995, wird das System Filme in riesigen digitalen Speichern jederzeit auf Abruf halten – man kann sich den Spielfilm seiner Wahl nun auch zu jeder Minute abrufen. In der dritten und vierten Stufe wird das Netz für umfassende multimediale Funktionen ausgebaut – Einkaufen, Banking, Reisen buchen, lexikalische Informationen abrufen, ja sogar den Bildwinkel der Kamera bei einer Fußballübertragung kann der Konsument am Bildschirm selbst bestimmen. Das Fernsehen verschmilzt mit dem Computer zum universellen „Interface“, mit dem das Individuum mit der Welt kommuniziert – ein Prozeß in beide Richtungen. Auch dann wird es noch passive Fernsehkonsumenten geben, Jugendliche, die durch Fernsehsucht „verdorben“ werden. Aber die anachronistischen Frontstellungen unserer heutigen Mediendebatte dürften sich längst überlebt haben.

ELEKTRONISCH-PLANETARE SUBKULTUREN

Wie reagieren die Jüngsten auf die elektronische Medienflut? Jeder neuen Technologie, die für Ältere

Angst und Schrecken bedeutet, wächst ja früher oder später etwas Subversives „von unten“ entgegen. Zu jeder Gefahr gibt es auch eine Aneignungstechnik. So wie die Hacker das Herrschaftsinstrument Computer auseinandernahmen, um ihn andersherum – als Instrument von Sabotage und Spaß – wieder zusammenzusetzen, so werden sich auch in Zukunft auf den diversen Wellen der Medieninnovationen die „Surfer“ der Gegenkulturen bewegen.

Jüngstes Beispiel sind die **Otakus**, die ihren Ursprung in Japan haben, sich derzeit aber über die USA und ganz Europa ausbreiten. Otakus entstammen einem jugendlichen Milieu, das mit den vier großen Medienattraktoren der Achtziger – Fernsehen, Computer, Videospiel und weltweites Telefonnetz – aufgewachsen ist. Sie basteln sich mit Hilfe der elektronischen Medien ihre eigene Expertenwelt, kommunizieren weltweit miteinander und etablieren so Stück für Stück „planetare Fanclubs“.

Praktisch alle modernen Mythen eignen sich für Otakus. Ob es die fanatische Vorliebe für Elvis, die Beatles oder „Raumschiff Enterprise“ ist, ob es sich um Expertenwissen über das Videospiel „Die Katakomben des Pharao“ oder um genaue Kenntnisse aller Filmmonster, um Comics oder eine Sportart handelt – Otaku-Kulturen benutzen das Zeichensystem der Trivialität wie weiland der Boney-M-Fanclub zur Identitätssuche. Sie rekrutieren sich aus Fans des englischen Königshauses und haben auf ihren Festplatten alles, was es zu diesem Thema zu lesen oder zu sehen

Otakus

Jugendliche Medienvirtuosen, die ihre Vorlieben und Hobbys auf den planetaren Datennetzen pflegen.

Datennetze

Zum Beispiel das Internet-Computernetz. 1981 waren dort 213 Teilnehmer registriert. Im Januar 1991 waren es 376 000, ein Jahr später 727 000, jetzt dürften es ca. 1,5 Millionen sein.

gibt, gespeichert. Oder sie sind Dracula-Fans, die sich weltweit über die allerwinzigsten Details des Vampirismus austauschen. Innerhalb der einzelnen Otaku-Gemeinden gibt es feine Hierarchien entlang des Wissens: Wer am meisten Informationen über Südsee-Zierfische, Dallas oder Ninja-Schwerter hat, ist der Größte, wer über die heißesten Sexprotokolle des englischen Königshauses auf seiner Festplatte verfügt, darf sich glücklich schätzen. Dabei ist die Kommunikation dieser weltweiten Fankreise ungleich leichter als in Zeiten des Briefverkehrs. **Datennetze** und Mailboxen dienen als Zwischenlager und Informationsquellen. Man schickt sich einfach über die Telefonnetze große Datenpakete multimedialer Informationen – Bild, Text und Ton.

MULTIMEDIALE „BOTSCHAFTER"

Wenn sich moderne Identität immer mehr in einer Blase unzusammenhängender Bildwelten abspielt, ist es nur logisch, daß man früher oder später Botschafter zwischen diesen Welten benötigt. Ein Großteil dessen, was heute als „Trivialisierung“ kulturkritisch beklagt wird, läßt sich genau auf dieses Bedürfnis zurückführen.

Im riesigen Meer der Bilder entstehen Symbolgestalten, die sich quer durch alle elektronischen Kulturen verstehen und interpretieren lassen – sogenannte Megacodes. So wie früher die Märchengestalten einen verläßlichen gesellschaftlichen Kodex abgaben, der landauf, landab jedem Kind geläufig war, sind es heute die Icons, die universelle Unsterblichkeit erlangen. Dracula, Batman, Alien, E.T., Madonna – selbst die Kleinsten teilen ihre Welt nach solchen Icons ein. So ist **Mario**, der kleine, flinke Klempner aus dem gleichnamigen Videospiel, in Japan bekannter als Mickymaus oder der japanische Kaiser. Inzwischen ist er sogar zum Leinwandhelden im „Super Mario Brothers" geworden.

Dieser „Kosmos der Icons" mag trivial sein – langweilig ist er keineswegs. Es tut sich dauernd etwas in diesem virtuellen Universum, Machtverhältnisse verschieben sich, neue Figuren erobern sich Plätze in den vordersten Reihen, andere geraten in Vergessenheit. Subtile Zweikämpfe werden ausgetragen – Batman versus Dracula, welche Imago ist stärker? Auch Subversionen und Rebellionen sind an der Tagesordnung. Die Simpsons – rebellische Archetypen im Icon-Universum –, alte Figuren aus der Comicwelt – Asterix, Bugs Bunny, Fred Feuerstein –, sie kehren „elektronisiert" zurück. Wer sich in der Symbolsprache der elektronischen Icons auskennt, versteht wahrhaftig etwas von der modernen Welt.

EINIGE WEITERE THESEN

Downtrading des Fernsehens. Wie gesagt: Es wird nicht weniger ferngesehen werden in Zukunft. Aber das Fernsehen gerät in den Strudel seiner Profanisierung. Der rüde Kampf der Privatanstalten um die Zuschauergunst färbt auf das Image des Gesamtmediums ab. Produkte, die primär im Fernsehen werben, werden automatisch vom Approach des Billigen, Profanen umweht.

Mario

Ein wieselflinker Klempner, der schon bei den Computerspielen der ersten Generation über Leitern klettern und Feuerbällen ausweichen mußte, um die Prinzessin aus den Klauen von King Kong zu befreien.

Es entsteht eine **Werbekrise**. Auch wenn Gewaltkrimis, Pornographie oder hartes Reality TV in Zukunft ausgegliedert und in Spezialkanälen gesendet werden und sich die wütende Debatte um die „Bildschirmmoral" irgendwann totlaufen muß – der Glanz des Fernsehens als Primärmedium leidet.

Werbekrise

In den USA sind die Ausgaben für Werbung seit 1991 zum erstenmal gesunken. Die Ursache für die Probleme der Werbebranche sieht ein bedeutender Zeitschriftenverleger im „überall vorhandenen Verlust an Vertrauen in die Werbung selbst. Von amerikanischen Kinobesuchern wollen 90% nur den Film, aber keine Werbung sehen." ***Psychologie heute***

Die Sehnsucht nach Positivem. Bei den Printmedien steigert sich in den nächsten Jahren der Überdruß an den Katastrophen, am Negativen und Skandalösen. Der Leser sucht nach Vorbildern, Beispielen, konstruktiverer Kritik. Zukunftsmedien müssen ihn wieder führen können und Helden generieren. Statt nach dem kritischen Journalismus, der in Deutschland eine ehrenwerte Tradition hat, seinen Bogen aber überspannte, wird wieder nach Welthaltungen gesucht, die aus der Ohnmacht befreien. Printmedien werden immer mehr auf **Campaigning** zurückgreifen: Leser können, zusammen mit der Zeitung, auch etwas tun.

Campaigning

Reden kann jeder, aber handeln tun nur wenige. Diese schlichte Erkenntnis wird sich in den nächsten Jahren zu einem „Verhaltensdruck" umformen. Vor allem von der jüngeren Generation wird ein Aufstand gegen das „ewige Gelabere" erfolgen.

Tod des Videogerätes. Im Kampf um die Mediensysteme der Zukunft wird der gute alte Videorecorder die empfindlichste Niederlage hinnehmen müssen. Die Vielzahl der Programme, die wir bereits in wenigen Jahren empfangen können, machen seinen „Zeitverzögerungsnutzen" praktisch hinfällig. Und neue Pay-TV-Kanäle machen den Weg zur Videothek überflüssig. Das Zusammenwachsen von Computer und TV beschert der Flimmerkiste genug Speicherplatz, um ganze Spielfilme aufzuzeichnen.

Die Krise der Programmzeitschrift. In diesem Kontext wird auch das derzeit vielbesungene Printwunder

„Programmzeitschrift“ in eine existentielle Krise geraten. Eine Zeitschrift, die lediglich eine Unmenge Daten darüber liefert, was man im Fernsehen zu sehen bekommt, ist in Zeiten, in denen der Computer den Fernseher heiratet, völlig überflüssig. Wohl dem Verlag, der seine Daten frühzeitig über Datenleitungen verfügbar macht und einen direkten Zugang vom Homecomputer zum Videogerät ermöglicht – zu einem dann allerdings ganz und gar digitalen Videogerät, dessen enorme Speicherkapazität auch als Massenspeicher für den Computer fungiert.

Elektronische Demokratie. Die Wahl von Bill Clinton in den USA wurde unter anderem mit „Call-in-Shows“ gewonnen. Das Bedürfnis der Zuschauer, ihre Meinung vor Publikum auszudrücken, war immer schon groß, und es wird in Zeiten, in denen die Fähigkeit dazu durch die Explosion der Medien trainiert wird, noch gesteigert. Sowohl Rundfunk als auch Fernsehen werden „basisdemokratische Shows“ entwickeln, die als Blitzableiter und Kampagneninitiatoren dienen. Schon heute sind Sendungen, in denen Jugendliche Liebesgedichte an ihre Liebsten verlesen können oder per Telefon Leute von Eheproblemen erzählen, Hörermagneten im Radio. Besonders das ausgeprägte Bedürfnis der Deutschen, sich zu beschweren, dürfte Call-in-Konzepte zukunftssicher machen.

Das Gespenst der Fälschung. In wenigen Jahren wird es eine schwierige Debatte darüber geben, was überhaupt noch Wirklichkeit ist und inwieweit die modernen Medien Wirklichkeit manipulieren. Wir stehen

„Die Information ist zu einer Art Abfall geworden. Sie trifft uns wahllos, richtet sich an niemand Bestimmten und hat sich von jeglicher Nützlichkeit gelöst. Unsere Abwehrmechanismen gegen die Informationsschwemme sind zusammengebrochen; unser Immunsystem gegen Informationen funktioniert nicht mehr. Wir leiden an einer Art von kulturellem Aids.“ (Neil Postman, „Wir informieren uns zu Tode“)

derzeit an der Schwelle zur Möglichkeit, jedes beliebige Bild herzustellen – die moderne Elektronik erlaubt es, auch den Papst mit einer Geliebten auf dem Schoß abzubilden (als Caroline von Monaco ihr Baby bekam, gab es auf fünfzehn deutschen Titelbildern Fotos von Mutter und Kind; keines war echt!). Hier könnte ein neues Mißtrauen gegen das Bild entstehen, und die Medien könnten noch in ein „virtualisiertes" Image abdriften. Während wir bislang meistens glaubten, was wir sahen (und eher dem Wort gegenüber skeptisch waren), könnte es dann genau umgekehrt werden – die Schrift geriete wieder zum „ehrenwerteren Medium".

Medienkompetenzspaltung. Schließlich und endlich verschärft sich ein Trend unserer Tage: Die Schere zwischen den „medienkompetenten" Menschen und den **Medienanalphabeten** vergrößert sich. Menschen, die lesen, lesen mehr als ein Buch, sie informieren sich aus mehreren Tageszeitungen, Illustrierten und dem Fernsehen. Wer passiv Medien konsumiert, wird auch zukünftigen Medientechnologien eher als Süchtiger verfallen, als sie zu nutzen.

Neu an dieser Entwicklung ist ihr „schichtenunspezifischer" Aspekt. Medienkompetenz – die Fähigkeit, aus den Medien das Wichtige herauszufiltern und in die eigene Persönlichkeit zu integrieren – ist nicht mehr an die Schriftkultur gebunden. „Medienrevolten" verlaufen zwar still, aber sie verändern unter Umständen mehr als lautstarke Proteste. Die Vehemenz, mit der sich die junge Generation den Computer angeeignet hat, dreht manche Rollen einfach um: Das Bildungs-

Medienanalphabeten

Belesene Leute, die nicht mit dem Computer umgehen können, sind die Analphabeten des nächsten Jahrtausends.

bürgertum von einst wirkt heute bisweilen unendlich analphabetisch. Nicht, daß es nichts mehr zu sagen hätte. Aber sein Diskurs findet in einer hermetischen Schriftwelt statt. Im „Feuilletonraum" der alten Schriftsprachler werden unendlich viele Zeichen und Inhalte hin und her geschoben, nur interessiert das außer den Feuilletonisten niemanden mehr.

Mediennavigation. Nein, die Schrift verschwindet nicht. Sie wird nur in ein Ensemble der Wissensvermittlung und Kulturgestaltung eingebunden, das ungleich schneller und flexibler ist. Sie wird „auf ihre Plätze verwiesen". Das hat durchaus auch demokratischen Charakter; wer sich früher in Schriftsprache nicht artikulieren konnte, vermag sich in der Welt der Bilder und Töne vielleicht viel leichter auszudrücken (ein erstes Beispiel für die Richtigkeit dieser These war der fulminante Erfolg der Popmusik als eigenständige Jugendkultur). Bild, Ton und Schrift werden in Zukunft ein ungefähres Gleichgewicht bilden, wobei die Verknüpfungen über **Multimedia** die eigentliche Bewegungsrichtung der modernen Kultur bestimmen.

Allesamt werden wir in Zukunft unter dem Problem leiden, wie unser Geist die überflüssigen, überschüssigen, unverdaubaren Informationen „wegfiltern" kann. Die Fähigkeit, aus der unendlichen Flut des Wissens und Geschehens das Wichtige herauszufiltern, zusammenzufassen, zu konzentrieren – wird die entscheidende Qualifikation der Zukunft. Den Supercode erkennen – das ist, wenn man so will, ein altmodisches Bildungsideal.

Mediennavigation
Die Kunst, auf den Kanälen des Medienzeitalters zu surfen, ohne seelischen Schaden zu nehmen.

Multimedia
Die Digitalisierung von Ton, Video, Bild und Text zur Speicherung und Darstellung auf einem Computer.

RÜCKKEHR DER SPIESSER

Warum die Normalität zur Sehnsucht gerät, welche Spießertypen die Bühne der Gegenwartskultur wieder betreten und warum der Individualismus im Moment seines Triumphes scheitern muss.

Stellen wir uns das Bild einer Abiturklasse des Jahres 1973 vor. Die Mädchen tragen noch die letzten Insignien der glorreichen Sechziger: Mit ihren schwarzen Wimpern, ihren weißen Rollkragenpullis, ihrem Kaugummiblick und ihren knallengen Jeans erzählen sie die Geschichte der sexuellen Revolution. Die Jungen mit ihrem müden, leicht bekifften, immer trotzigen Blick lächeln halb cool, halb verklemmt in die Kamera. Der Lehrer, älter, glatzköpfig, bemüht sich, Haltung zu bewahren, aber es gelingt ihm nicht, die Sache irgendwie unter Kontrolle zu behalten; er ist ein Verlierer, man sieht es deutlich. Nein, nicht jeder seiner Schüler ist auf den Pfad der Rebellion, der großen, weichen Motzigkeit gekommen, die damals die Breitenevolution der Jugendkulturen begründete. Man sieht deutlich die vier, fünf schüchternen Mädchen, die mit noch niemandem geschlafen haben und – da können wir fast sicher sein –, den ersten Mann ihres Lebens bald darauf heiraten werden. Man sieht den Crack in

Mathe, den sie in der Klasse „Eierkopf" nennen, und die drei, vier Streber um ihn herum, die schon recht gut jenes Aktentaschengesicht draufhaben, das ihre zukünftige Karriere begleiten wird. Aber selbst sie haben viel zu lange Haare. Und einen leichten Stand haben sie auch nicht.

Wer das Sagen hat, wer den kulturellen Ton angibt in den frühen Siebzigern, trägt die Haare bis zum Hintern, ist androgyn, cool, ein Hippie oder Freak, ein Rebell eben, ist anti, macht seinen Eltern Kummer.

Vor zwanzig Jahren konnte man solche Gruppenbilder landauf, landab und selbst in kleineren Städten finden. Wie aber wirkt das Ensemble zehn Jahre danach, sagen wir 1983? Ein Puzzle. Da sind sie immer noch, unsere coolen Freaks der Alternativ- und Friedensbewegung, die langen Haare sind ein bißchen besser gepflegt, die Insignien klarer, die Buttons eindeutiger, die Jeansjacken sauberer, als wäre das Bild schärfer geworden. Aber auf dem Bild befinden sich plötzlich auch ganz andere Stammesformen. Drei, vier Punks zum Beispiel, einer davon mit prächtigem Irokesenschnitt – und sehen wir da nicht ein kleines ruppiges Mädchen mit einer weißen Ratte auf der Schulter? Ganz vorne stehen drei Typen, die ganz in Schwarz gekleidet sind, wie die existentialistischen Studenten in den Fünfzigern, und äußerst cool blicken sie ohne das geringste Lächeln oder Grinsen in die Kamera: Wir sind Experten für irgendwelche Popgruppen, die heute niemand mehr kennt. Aber schon in der zweiten Reihe finden sich erstaunliche neue Erscheinungen. Nein, das sind keine verunsicherten Streber mehr, das sind Schüler, die deutlich Karriere machen wollen und dafür auch einen Stil gefunden haben. Ihre blonden, gefönten Haare sind an den Seiten wegrasiert. Ihre breiten Schultern stecken in gutsitzenden Anzugjacken, einer trägt einen **Kaschmirschal** um den Hals. Die genauere Anatomie dieses Gruppenfotos verrät uns auch, daß dieser Trupp keineswegs isoliert ist. Die schönsten Mädchen der Klasse haben sich unauffällig um ihn geschart.

Diese zwei kulturgeschichtlich wertvollen Bilder zeigen in groben Zügen die Evolution der frühen Wertewandelzeit: Aus einer rebellischen Ära formte sich das Patchwork der Subkulturen, der Stile und Gegenstile, wie wir es im groben auch heute noch kennen. Diese „Subkulturisierung“ führte im Verlauf der Achtziger dazu, daß die Maßstäbe für Rebellion und Anpassung allmählich völlig unter die Räder gerieten. Nun waren plötzlich bisweilen sogar Karrieristen rebellisch, und Freaks gerieten in den Ruch der Konformität.

Auf diesem Hintergrund können wir das nächste Bild betrachten – das heutige. Eine beliebige Abiturklasse des Jahres 1993 weist immer noch – und wieder – Zeichen und Spuren der subkulturellen Traditionen auf – aber plötzlich wirken diese eher wie Kratzer an der Oberfläche. Das Bild ist nicht mehr spannungsreich. Wir sehen so etwas wie eine Gruppenapathie, eine stille Erwartungslosigkeit in den Gesichtern. Und eine erstaunliche Konformität in den Stilen. Viele tragen weite Jeans, schwarze Lederjacken, schwarze T-Shirts, Karohemden. Alle scheinen zu demselben

Kaschmirschal

Die ersten Anzeichen für eine Umdrehung der Revolte-Bewegungsrichtung waren die „Popper“. Auch wenn diese Gruppe eher der Phantasie linker *stern*-Redakteure entsprungen sein mag – sie wurden Anfang der Achtziger in den Hamburger Elbvororten ausgemacht –, signalisierte sie doch die Gründlichkeit, mit der linke und alternative Inhalte die Jugendkulturen hierzulande geprägt hatten. Plötzlich konnte man mit konservativen Werten, mit Anpassung provozieren!

Peace-Zeichen

In der Tat erlebt das Hippie-Zeichen derzeit eine Renaissance – als silberne oder goldene Gesinnungsikone am Revers wurde es 1993 in die Modewelt recycelt.

Friseur zu gehen, der die Haare mittellang schneidet, nett, ordentlich, durchaus schick, nicht übertrieben. Die zwei, drei Freaks auf dem Bild wirken wie aus einem Katalog „Wie werde ich ein Hippie“ – Zitate, die auf Äußerlichkeit bauen. Und der Typ mit dem schicken Jackett da vorne – trägt er nicht tatsächlich ein kleines silbernes **Peace-Zeichen** am Revers?

Übertreibe ich? Gewiß. Aber nicht allzusehr. Das Schulklassenbild wird von einer Unmenge von Beobachtungen und Umfragen gestützt. Die Ergebnisse neuerer Jugendstudien wie etwa die der Shell-Studie haben allesamt eine einheitliche Tendenz. Nichts hat den Wertewandel der letzten dreißig Jahre tatsächlich revidiert – die Jüngeren sind heute parteienskeptischer denn je, immer noch umweltbewußt und eher links angesiedelt, sie mögen immer noch Greenpeace lieber als die Bundeswehr (die Bundeswehr ist sogar noch unbeliebter als vor 25 Jahren). Aber die Widersprüche sind auf eine seltsam apathische Weise nivelliert, die Abgrenzungen eingeebnet. Da ist wenig übriggeblieben von den manchmal erbitterten Schlachten um Stil und Gesinnung. Man grenzt sich weniger ab, man ist weniger bereit, sich für etwas, an das man glaubt, zu engagieren, man trägt Zeichen und Insignien, aber lebt keine wirklichen Gesinnungen mehr.

VARIANTEN DER NEUEN SPIESSIGKEIT

Der Hausmeister. Ende der Sechziger gab es ihn noch an jeder Ecke, diesen klassischen Typus des deutschen Spießers. Irgendwo alterslos zwischen fünfzig und achtzig pendelnd, rotgesichtig, mit verkniffenen Mundwinkeln, den Oberkörper oft in ein ärmelloses Unterhemd gehüllt, die Hosenträger, aus dem Fenster lehnend oder in Begleitung eines Schäferhundes über Gartenzäune belfernd, liebte er den Spruch „Geht doch nach drüben". Eine seiner Hauptbeschäftigungen war es, die Polizei anzurufen, besonders wenn von irgendwoher laute Musik („Negermusik") zu hören war.

Diese Karikatur des deutschen Spießbürgers geistert heute noch durch das sozialkritische Kabarett, auch in der Figur „Motzki" lebte sie wieder auf. Obwohl doch die Stimme dieses Zeitgenossen Mitte der Siebziger verstummte. Nicht unbedingt freiwillig. Ein Teil des Problems erledigte sich aufgrund erhöhten Alters dieser noch stark vom Faschismus geprägten Generation, ein anderer Teil wurde durch die Militanz der 68er-Generation geregelt, die dem Hausmeister, wo immer er auftauchte, verbal und bisweilen auch handgreiflich so lange aufs Maul haute, bis er sich brummelnd in seine Eckkneipe verzog. Für eine Weile schien seine Art ausgestorben. Selbst die *Bild*-Zeitung, das klassische Organ dieser Spezies, sorgte sich nun eher um das Wohlergehen der Wale.

Es ist schon seltsam, daß dieser Typus ausgerechnet in einer Zeit, da keiner mehr „nach drüben" gehen kann, sein Comeback feiert. Erinnern wir uns an Hoyerswerda und Rostock – wo immer die Kamera ins Umfeld der rechtsradikalen Randale blickte, lugte einer dieser „Hausmeister" in klassischer Hosenträgermanier hervor und polterte, nach anfänglicher Hemmung, seine ewigen Spießbürgerweisheiten in die Kamera (und seine ebenfalls rotgesichtige Frau stand drei Meter hinter ihm und nickte stumm). Plötzlich, 25 Jahre nach seinem Verschwinden, schreibt er wieder Leserbriefe an die Zeitungen, gegen das „Gesocks“ und die „Wirtschaftsbetrüger-Asylanten“, in seiner krakeligen, nimmermüden Sütterlinschrift, und er steht wieder, verlegen, aber entschlossen, in den Talk-Shows auf, um endlich mal „zu sagen, was die kleinen Leute denken“ (rauschender Applaus)!

Spießer-Amok

Der Film des Jahres 1993, der dieses Thema aufgreift, heißt „Falling Down“. Michael Douglas spielt darin einen durchgeknallten Spießer, der aus Angst und Frustration halb Los Angeles verwüstet.

Er ist also zurück, unser deutscher Hausmeister. Er ist allerdings bei näherer Betrachtung nur eine Vorhut. Wenn wir genau hineinhören in den gesellschaftlichen Diskurs, dann sind die Stimmen derjenigen, die sich als „gesunde Mehrheit“ wahrnehmen, in der letzten Zeit bedeutend lauter geworden. Nicht mehr der Dissens, die Kritik, der Mut zum Engagement ernten heute den Applaus bei Talk-Shows. Frenetisch wird das Publikum immer dann, wenn die Normalität gelobt wird, der kleine Mann, wenn es gegen die Intellektuellen geht, gegen die ewigen Nörgler und Schlechtmacher. Wir sind wieder wer, wir, die Mehrheit!

Der junge Rechte. Verstärkung erhält der Hausmeister durch jenen Typus jugendlicher Männer, die in den Siebzigern praktisch gar nicht, in den Achtzigern nur als winzige Minderheit auftraten. Drei Hauptcharaktere gibt es von diesem Stamm: die eher schmallippigen Männer mit den ausrasierten Nacken, die bei den Treffen der rechtsradikalen Gruppierungen in der zweiten Reihe sitzen, die Bomberjacken-Stiefel-Typen und die alerten Jungfaschisten mit dem zynischen, menschenverachtenden Zug um die Mundwinkel.

In der Tat ist es nützlich, mit dem Raster der „popkulturellen“ Betrachtungsweise an das Phänomen des „rechten 68“ heranzugehen. Der Erfolg dieser Spezies funktioniert nach dem gleichen Muster. Wie die Rebellen der Sechziger stoßen die jungen Rechten auf ein gewaltiges soziokulturelles Neuland vor, in ein „Zeichenvakuum“. Es ist kein Zufall, daß der Wind von rechts vor allem im Osten kräftig bläst. Wo jahrzehntelang eine „linke“ Symbolik totalitär verordnet wurde, liegt es auf der Hand, das radikale Gegenteil zu entdecken – nach dem gleichen Schema reagierte die Freak-Revolte auf die steife Nachkriegsgesellschaft, deren Zeichensysteme eindeutig „rechts“ waren. Nazi zu sein ist eines der letzten großen Tabus unserer Gesellschaft – um so lustvoller ist der Bruch dieses Tabus.

In diesem Krieg der Zeichen, der nach Gesetzen verläuft, deren trockene Logik allenfalls von der Straßenverkehrsordnung übertroffen wird, sollten wir allerdings einige grundlegende Unterschiede nicht vergessen. Die Freaks der ersten Stunden riskierten einen Aufbruch ins Ungewisse. Ihre Werte waren von klaustrophobischen Gefühlen geprägt – die Welt war zu eng. In der Mechanik der Rechten ist jedoch ein anderes Element weitaus wichtiger. Die Bierbuddel auf den Knien, die stets brave Freundin in der Küche, das Häkeldeckchen auf dem Tisch, der röhrende Hirsch an der Wand – ein tatsächlich gefährlicher Rechtsradikalismus müßte irgendeine Form faszinierender kultureller Mo-

„Wenn die sogenannten Intellektuellen einige Biere intus haben, singen sie auch 'Oh, du schöner Westerwald'!“ (Der heute fast vierzigjährige Heintje Simons, der in einem deutschen Privatsender derzeit ein Comeback versucht)

dernität für sich beanspruchen können. Doch die Neuen Rechten wollen, mit wenigen Ausnahmen, nur zurück in eine längst verlorengegangene Welt der Gewißheiten, der Normen, Hierarchien und Autoritäten. Spießer eben.

Der neue Prolo. Waren es in den Siebzigern und frühen Achtzigern vor allem die Gymnasiasten, die höheren Bildungsschichten, die den kulturellen Diskurs prägten, so haben die Hauptschülerkulturen heute gewaltig aufgeholt. Man kann dies bereits auf der Ebene der Gesinnungsikonen beobachten. Wer in den frühen Achtzigern auf der Autobahn unterwegs war, dem begegnete eine klare Symbolik des Protestes: buntbemalte VW-Busse, Anarcho-Zeichen, „Atomkraft – nein danke" auch auf Mittelklassewagen. Heute sind diese Chiffren durch Botschaften wie „Baby an Bord" ersetzt. Die Offensive spießiger Zeichen reicht vom Boom der Volksmusik über die **neue Witzkultur** bis zu den neuen „Wolfgangsee"-Serien, von der Roy-Black-Nostalgie über Comebacks wie das von Costa Cordalis bis zu den orgiastischen Beschwörungsfeiern der heilen Welt, wie sie im Fernsehen, in den unzähligen Heirats- und Flirtshows, wiederauferstehen.

Neue Witzkultur

„Wahre Liebe putzt mit – was Männer alles besser können", „Das große Quatschhoroskop-Buch", „Typisch Mami – ich bin nicht eure Putzfrau", „Ausreden für Vierzigjährige", „Mit Gebrüll und voller Windel – das Baby-Buch für stolze Eltern" – eine Auswahl aus dem witzigen Angebot des Frankfurter Eichborn Verlag.

Der neue Ohnemichel. Die neue Spießigkeit wird vielleicht am deutlichsten in einer Institution ausgebrütet, die noch vor kurzem als Generator des genauen Gegenteils galt (und die stets ein verläßlicher Seismograph für gesellschaftlichen Wandel ist): der Universität. Wer sich auf ihrem Terrain ein wenig auskennt, beschreibt die Mentalität der Mittneunziger-Studentengeneration als eine Mischung aus Apathie und einer Jammer-und-Nörgel-Haltung, die alles fordert, aber nichts mehr will. Die studentische Mitbestimmung ist mangels Interesse auf Null gebracht, politisches Engagement ist ein Fremdwort.

Man kann solche Stimmungslagen nicht mehr alleine durch Gegenbeispiele (die es natürlich gibt) widerlegen, man kann sie auch nicht mehr mit Erklärungen wie der Verschulung der Studiengänge oder der Studentenschwemme wegrationalisieren. In den Universitäten hat ein gewaltiger Stimmungsumschwung stattgefunden. Der **Neospießer** regiert. Wie in einer autistischen Wolke sitzend, beschränken die meisten Studenten von heute ihren Interessenshorizont auf ihre individuelle Biographie. Auf der Strecke bleiben Eigenschaften, die man als nicht spießig bezeichnen könnte: Neugier, Kreativität, Interesse an der Welt.

Disengagement bei gleichzeitigem „Leerlaufmoralismus" – die moralische Empörung über die Schlechtigkeit der Welt ist keineswegs auf dem Rückzug. Sie wird nur enger, narzißtischer, larmoyanter, mehr an den eigenen Bedürfnissen orientiert. Uns macht „betroffen", was uns irgendwie „nervt", ansonsten sind wir „ganz gut drauf". In dieses Bild passen auch die Ergebnisse der Shell-Jugendstudie von 1992, die einen erstaunlichen Anstieg eines **opportunistischen Optimismus** diagnostiziert, während der Pessimismus über den „Gang der Welt" nahezu gleich geblieben ist. „Ich selbst", so könnte man das übersetzen, „werde mich schon irgendwie durchschlagen."

Neospießer

Der Essayist Bernd Ulrich griff diesen Begriff in der *Wochenpost* im Juni 1993 auf. Er definierte Neue Spießigkeit als soziale Verantwortungslosigkeit im Zeichen hedonistischer Lebenshaltung: „Der alte und der neue Spießer unterscheiden sich in der Haltung: Der Altspießer ist intolerant gegen alles, was er nicht selber ist oder tut. Der Neospießer verlangt Toleranz für alles, was er auch immer ist und tut."

Opportunistischer Optimismus

Von den Jugendlichen blickten „optimistisch in die Zukunft":
– 1981: 42 Prozent
– 1984: 54 Prozent
– 1991: 71 Prozent

„Es ist die Solidarität des Mittelmaßes, die eine Kleinstadtwelt so undurchringlich macht... Da mutiert jede Jämmerlichkeit zur persönlichen Note..." (Der Kabarettist Siegfried Zimmerschied)

Die guten Spießer. Schließlich kann man – mit einer Prise Ironie – auch einige neue „fortschrittliche" Phänomene unter die Wiederkehr des Spießertums subsumieren, die scheinbar aus der anderen Ecke des stilistischen Spektrums stammen. Die Lichterketten und Anti-Gewalt-Spaziergänge, mit denen sich zur Jahreswende 1992/93 politische Sehnsüchte ausdrückten, erzählen von dem gewaltigen Wunsch nach Risikolosigkeit und Harmonie, der sich in unserer Kultur breitmacht. Das Marschieren auf einer Kerzendemo ist typisches politisches Engagement in Zeiten der Neuen Spießigkeit: Es kostet nichts mehr, es ist nicht mehr Protest, sondern Mahnung, nicht mehr Handeln, sondern Pose.

Auch das Issue „Gegen Ausländerfeindlichkeit" strotzt vor Harmlosigkeit: Man hat nichts zu verlieren und zu riskieren in diesem neuen Konsens der Gutmütigkeit. Der neue, der gute Spießer, so könnte man jetzt weiter lästern, ist Pazifist aus Bequemlichkeit, denkt liberal und möchte am liebsten die alte, die heile Welt der Westbundesrepublik zurück, in der alles noch an seinem Platz schien.

REPROVINZIALISIERUNG

Edgar Reitz' Opus „Die zweite Heimat" hat noch einmal nachgezeichnet, wie in den Sechzigern die Verstädterung und „Entprovinzialisierung" der Bundesrepublik verliefen. Aus den Dörfern und Kleinstädten begann der große Aufbruch in die Städte, in die Sphäre der Kunst und Selbstverwirklichung und Individualität,

„und auf allen Gesichtern ist Sehnsucht“, wie es in Reitz' Opus magnum heißt. Für eine Episode von etwa zwanzig Jahren fand in der (west)deutschen Kultur eine Umdrehung alter Verhältnisse statt: Der Außenseiter wurde zur geachteten Figur, er hatte der Gesellschaft etwas zu sagen. Und: Besitz und Geld entschieden nicht mehr über die gesellschaftliche Stellung – jedenfalls weitaus weniger als jemals zuvor in der deutschen Geschichte.

Dieser Prozeß ist, wenn man aufmerksam in das „gesellschaftliche Rauschen“ hineinhört, rückläufig. Der Außenseiter wird heute wieder zum Kauz, er stört. Die Tendenz zur Einigelung steigt. Besonders aus dem Osten weht dieser starke Wind zurück in eine Zeit, in der man alles Fremde, Ungewohnte feindselig angaffte, anstatt es zumindest erst einmal faszinierend zu finden.

WAS IST SPIESSIGKEIT ?

Natürlich ist hier die Grenze zur Polemik überschritten. Klingt das alles nicht nach der altbekannten Klage gegen die Jüngeren, die sich niemals so engagieren, wie sie eigentlich sollten? Was ist das überhaupt, ein „Spießer“? Wurde dieses Wort nicht immer wieder inflationär und mißbräuchlich benutzt, als billiges Schlagwort im Kampf der Generationen?

Ich möchte dennoch eine Definition versuchen: Der Spießer zeichnet sich vor allem durch einen engen Horizont aus, das heißt, er ist es nicht gewohnt, Dinge aus mehreren verschiedenen Positionen heraus zu betrachten. Vom Konservativen unterscheidet ihn, daß er sich Meinungen nicht aufgrund abwägender moralischer oder wertebetonter Haltungen bildet, sondern stark nach dem eigenen Gusto – was ihn irgendwie stört, wird zum Feind. Dazu kommt – und das ist eigentlich das entscheidende – ein extremes Paradox zwischen seiner Kritik an anderen und seiner Bereitschaft, Verantwortung zu übernehmen. Sein Sozialverhalten ist das eines Kindes, seine Ansprüche sind wie die eines gierigen Erwachsenen. Beim zweiten Hinsehen wird deutlich, daß solche Charaktereigenschaften mit den alten Fronten rechts/links nichts mehr zu tun haben. Der Sozialtypus, der die Avantgarde der Neuen Spießigkeit bildet, setzt sich aus mehreren Traditionen zusammen. Eine von ihnen ist rückwärts gewandt reaktionär. Aber eine andere fußt gerade in jenem modernen, hedonistischen Individualismus, der vor Jahr und Tag noch als das genaue Gegenteil von Spießertum galt. Neue Spießigkeit drückt sich nicht in einer Wiederkehr der Konventionen und Autoritäten aus, sondern eher in einer allumfassenden Halt- und Wertelosigkeit, gepaart mit marodierendem, narzißtischem Wunschdenken. Sie ist gewissermaßen die negative Seite des Wertewandels.

Die Deutschen lieben besonders:
– große Bäume, alte Häuser: 36 Prozent
– Sonnenauf- und untergänge: 33 Prozent
– Blumensträuße: 32 Prozent
– Landschaften: 31 Prozent
– spielende Kinder: 26 Prozent
(Allensbach)

Ein Zitat aus dem *Spiegel* soll diesen Gedanken weiter vertiefen. Da kam im Januar 1993 die grüne Politikerin Beate Scheffler zu Wort, die mit einem programmatischen Papier zum Rechtsradikalismus für Furore in ihrer eigenen Partei sorgte. „Es war unsere Revolte, die viele Wertesysteme hat zusammenbrechen lassen", schreibt sie. „Waren wir es nicht, die gegen alle Normen angekämpft haben? Wir haben jede Autorität in Frage gestellt, wollten die Familien am liebsten auflösen... Statt der mündigen, sozial und ökologisch engagierten, politisch hochmotivierten Jugend hat unsere Erziehung eine Spezies hervorgebracht, die zum überwiegenden Teil egozentrisch, konsumorientiert und im schlimmsten Falle sogar gewalttätig und fremdenfeindlich ist."

Egal, ob diese Analyse richtig oder falsch ist – in diesem Zitat steckt eine Menge bittere Erfahrung. Drehen wir die Rede von den Neuen Spießern also ruhig einmal um. Was wäre, könnte man fragen, gewesen, wenn die „Subkulturisierung" der Gesellschaft immer weiter fortgeschritten wäre? Immer mehr subkulturelle Stile, schräge Vögel, immer mehr Diversifikation, Abgrenzung, Extremerfahrung? Die Rückkehr der Spießer ist vielleicht nichts anderes als die unbewußte Suche nach einer verbindlichen Normalität, an der wir uns erst orientieren und irgendwann auch wieder distanzieren können. Sie hängt auch damit zusammen, daß sich die Ressourcen des Individualismus verbraucht haben. Vom „Ich" als absolutem Leitwert der Gesellschaft der letzten zwanzig Jahre drängt es in den Neunzigern wieder kräftig zum „Wir". Die Spießer sind die dumpfe Vorhut einer neuen Suche nach Gemeinsamkeit, eines **zweiten Wertewandels**, den die Gesellschaft gerade dann formulieren muß, wenn sie nicht zum Opfer der Spießermentalität werden will.

Zweiter Wertewandel

Der „erste" Wertewandel war die Hinwendung zur postmateriellen Wertigkeit in den späten siebziger und frühen achtziger Jahren. Damals wurden die alten Werte wie Fleiß, Disziplin, Familie und Pflicht durch Issues des Individualismus ersetzt.

GENERATION-X-SYNDROM

Über die Probleme der Jugendlichen der Neunziger mit ihrer kollektiven Identität und warum die rechtsradikale Revolte eine generelle Krise der Jugendkultur einleitet.

Gibt es überhaupt „Generationen“? Handelt es sich hier nicht um einen ungeheuer anmaßenden Begriff? Existieren nicht alle Lebensformen, -stile, -anschauungen parallel in jeder Generation, so daß es sich am Ende nur um ein verbales Konstrukt handelt, wenn man etwa von „68er-Generation“ oder „Nachkriegsgeneration“ oder „Alternativgeneration“ spricht?

Ja. Und nein. Das Problem ist subtiler. Niemand kann bestreiten, daß die Kriegsgeneration tatsächlich eine Generation war – das gemeinsame Erleben und Erleiden „Krieg“ formte eine kollektive Mentalität. Und obwohl im Jahre 1968 nicht jeder zwischen 16 und 35 ein „68er“ war, so bildete diese Zeit doch eine historische Bruchlinie zwischen dem alten, bürgerlichen Nachkriegsdeutschland und der modernen Republik. Auch wer damals nicht gegen „die Amis“ demonstrieren ging (und dabei Ami-Jeans trug), wurde von dem Fieber und der Aufbruchsstimmung dieser Jahre geprägt.

Später, besonders in den achtziger Jahren, schien es, als ob die „Generationalisierung“ der Gesellschaft immer schneller und radikaler vonstatten gehen sollte. Jedes zweite, dritte Jahr wuchs von unten eine neue, reichlich unverständliche und unverstandene Generation nach. Die Achsen der gesellschaftlichen Machtkämpfe waren anstatt auf Klassen oder Schichten zunehmend auf Generationen ausgerichtet: Die Nach-68er kämpften gegen die 68er, die coolen 80er gegen die **Öko-Rigoristen**, die Computer- und Videokids gegen alle – und so fort.

Öko-Rigoristen

Auch ironisch „Müslis" genannte konsequente Ökologen, die zum alleinigen Maßstab des politischen Handelns das eigene Verhalten machen.

Mit Beginn der neunziger Jahre scheint dieses seltsam lärmende Karussell abrupt zum Stehen gekommen zu sein. Teils, weil sein Mechanismus wohl einfach überdreht wurde und vieles im Generationenkampf nur noch abstrakter, ja absurder Zeichenkampf war, den man auf Dauer nicht durchhalten konnte. Vor allem aber auch, weil mit der Aufhebung der deutschen Teilung plötzlich wieder so etwas wie „Realität" in das virtuelle Zeichenspiel einbrach, mit dem sich die „Generationen" voneinander abgrenzten. Plötzlich ist eben alles nicht nur eine Stilfrage. Plötzlich ist alles, vom Krieg in Europa über die Rezession und den Rechtsradikalismus, bitterer Ernst.

Generationen und Generationsabgrenzung, so die Vermutung, konnten eine Zeitlang nur in einem „Raum der Virtualität" gedeihen, in einem kulturellen Magnetfeld, in dem möglichst wenig Realität herrschte. Generationen waren für zwei, drei Dekaden vor allem von der Entwicklung der Medien bestimmt. Sie definierten sich entlang der Verbreitung des Fernsehens, der Popmusik und des Computers und der jeweiligen Zeichenuniversen, die diese Medien erzeugten. Hier konnten sich Jugendliche neues, unbekanntes Terrain aneignen. Hier entwickelten sie ihre eigene Sprache, die den Erwachsenen nicht zugänglich war.

Und heute? Die „Wiederkehr der Realität" wirkt vor allem als große Ernüchterung. Sie erzeugt ein „Lebensgefühl der **Amorphität** – nicht mehr generativer Stolz und Abgrenzung gegen die Älteren definieren die heutige Generation der 16- bis 28jährigen, sondern das Gefühl, in einer schwer definierbaren Sackgasse zu stecken.

Ein junger Kanadier mit dem Namen Douglas Coupland schrieb unter dem Titel „Generation X" schon zu Beginn dieses Jahrzehnts ein Buch, das dieses Lebensgefühl auf den Punkt brachte. Die Handlung in Kürze: Die Hauptfigur Andy, ohne Job nach dem Studium und ziemlich pleite, bekommt von einem Großverlag den Auftrag, ein „Wörterbuch der Jugendkultur" zu schreiben, typische Taschenbuch-Massenware. Er kassiert den (mageren) Vorschuß und verzieht sich mit Claire und Dag, zwei Freunden, nach Südkalifornien. Man nimmt also schlechtbezahlte Aushilfstätigkeiten in der Hamburger- oder Tourismusindustrie an. Man denkt nach, über das Leben und die Welt. Und allmählich setzt sich das Generation-X-Gefühl zusammen.

VIER EIGENSCHAFTEN DER GENERATION X

Sie hat, erstens, das Gefühl, daß sie ärmer sein wird als ihre Eltern. Die Kindheit dieser Generation verlief im Boom der Achtziger – und so wie es aussieht,

Amorphität

Sammelbegriff für mehrere Bewußtseinsphänomene der Neunziger. Zum Beispiel:
– Multiphrenie:
das Gefühl, mehrere Identitäten gleichzeitig zu haben.
– Polypolitik:
die Unfähigkeit, sich einer bestimmten politischen Denkweise zugehörig zu fühlen. Man ist gleichzeitig konservativ, aber auch radikal, fühlt sich liberal, aber auch irgendwie „rechts".
– Altersparadox:
die Unmöglichkeit, sich einer bestimmten Altersschicht identitätsmäßig zuzuordenen. 35jährige handeln wie 20jährige – und umgekehrt. Die Ausdehnung der Postadoleszenz bis ins Frührentenalter (im Extrem).

war dies für längere Zeit die letzte große Prosperitätsphase in der westlichen Welt. Zum erstenmal seit Jahrzehnten ist eine ganze Alterskohorte mit dem dumpfen Gefühl konfrontiert, daß sie unterm Strich über weniger Geld und Wohlstand verfügen wird als die Eltern, egal, wie sehr sie sich abrackert. Auch die klassische Lösung „Erbschaft" ist keine mehr. Die Eltern haben schwer gerackert, haben sich zwischen Job-, Emanzipations- und Kinderansprüchen zerrieben, aber sie haben keineswegs den Genuß verlernt, und nun sehen sie nicht ein, ihr Geld auch noch den anspruchsvollen Kindern zu vererben. Das hat auf die Kinder bisweilen eine demütigende Wirkung: Obwohl sie reiche Eltern haben, leben sie in Armut. Ihre Eltern halten sie „kurz", betreiben **Down-nesting**, lassen sie spüren, daß sie sie für tendenzielle Versager halten. Was zu zynischen Lebenshaltungen führen kann.

Sie hat, zweitens, das Gefühl, daß ihre Eltern kreativer waren als sie. Die wilden Zeiten sind vorbei – und das Absurde ist, daß es die Eltern waren, die sie erlebt haben. All die heroischen Geschichten der Älteren – wie sie risikoreich eine Firma gründeten, sich kreativ durchsetzten, die ganze Welt bereisten, gegen ihre eigenen Eltern rebellierten – erscheinen den Jüngeren wie Märchen aus einer anderen Zeit. Die heutige Gesellschaft ist, besonders was Pioniererfahrungen angeht, verrammelt und verriegelt. Die Claims sind abgesteckt und gut befestigt. Die schönen Wohnungen, die kreativen Jobs sind durch Ältere besetzt, die nicht die geringste Lust haben, sie wieder zu räumen – für die eigene Genera-

Down-nesting

Die Tendenz von Eltern, sich kleinere Behausungen ohne Gästezimmer zu suchen, nachdem die Kinder ausgezogen sind – um zu verhindern, daß die 20- bis 30jährigen Sprößlinge wie ein Bumerang zurück nach Hause geschnellt kommen. (Douglas Coupland)

tion bleiben nur **McJobs**. Die Versprechungen aus Schule und Elternhaus, man könne es durch Kreativität und Selbstverwirklichung zu etwas bringen, sind längst unglaubwürdig. Mitglieder der Generation X tendieren deshalb zu einer manchmal bösartig wirkenden Ironie, wenn es um die „guten Werte“ geht.

Sie hat – Generation-X-Gefühl Nummer drei – das Gefühl, daß ihre eigenen kulturellen Signale sofort vermarktet werden. Subkulturen können heute kaum noch ein Geheimnis aufbauen. Eine ganze Armada von Spürhunden der Industrie macht aus jeder noch so kleinen rebellischen Geste sofort ein Label, ein Outfit, eine Plattenpressung. Zudem verfügen die Älteren über eine fast übermächtige verbale Interpretationsmacht. Jede Regung wird sofort psychologisch interpretiert. Um gegen solche Eltern zu rebellieren (um sich ihnen gegenüber „unverständlich“ zu machen), muß man derart ausgeflippte Methoden finden, daß man sich schon wieder lächerlich macht. Deshalb neigen Bewohner des Generation X-Planeten wieder zu Verweigerungshaltungen, die an die frühe Hippie-Ära erinnern. Sie fühlen sich von Philosophien der Langsamkeit angezogen, der Abneigung gegen alle modischen Trends, der Abkoppelung vom großen Fluß der Zeichen und Interpretationen.

Sie haben, viertens, das Gefühl, anderen nicht vertrauen zu können. In Amerika hat die Hälfte der 15- bis 25jährigen, hierzulande etwa ein Drittel der Jugendlichen, in den Städten über 40 Prozent, die Scheidung der Eltern erlebt. Sie haben die Schattenseiten des Auf-

McJob

Ein niedrig dotierter Job mit wenig Prestige, wenig Würde, wenig Nutzen und ohne Zukunft im Dienstleistungsbereich. (Douglas Coupland)

Me-ism

Das Trachten eines Individuums nach einer selbstgeschneiderten Religion, ausgelöst durch das Nichtvorhandensein traditioneller religiöser Grundsätze.

bruchs, der Selbstverwirklichung und Emanzipation hautnah mitbekommen, psychische Dramen und familiäre Krisen durchlitten, die gerade aus dem „Willen zum Besseren“ entstanden. Ihre Haltung zu Partnern, zum Freund oder zur Freundin ist deshalb oft mißtrauisch und verletzlich: Werde auch ich bald verlassen, oder verlasse ich lieber eher selbst? Sagst du wieder nur romantische Formeln auf, oder meinst du es ernst? Menschliche Beziehungen scheinen ungeheuer brüchig, eine merkwürdige Distanz zu den anderen, eine melancholische Unerreichbarkeit sind die Folgen.

Mit diesen vier Parametern – virtuoser Ironie, Hang zu Zynismus, Rückkehr in die Langsamkeit, melancholischer Distanz – läßt sich ein erstes grobes Grundraster der Jugendmentalität der Mittneunziger zeichnen. Auffallend ist, daß es sich unter dem Strich um eine „Mentalität des Rückzugs“ handelt. So beenden die neunziger Jahre auch die Ära der klassischen Jugendrebellionen in ihren expressiven, fordernden, provozierenden oder zumindest anmaßend-expansiven Formen.

SEX, DRUGS UND ROCK 'N' ROLL

Eng mit dieser Gefühlslage zusammen hängt die Krise der größten kulturellen Bewegung der Moderne: die Krise des Pop.

„Pop“ ist hier nicht nur als Musikrichtung gemeint, sondern als kulturelles Zeichensystem, das von der Kleidung über die Gesten, vom Sex bis zur Körpersprache unsere soziale Welt verändert hat. Innerhalb von knapp einem Jahrzehnt, in den siebziger Jahren, wurde aus einer Angelegenheit für ein paar erleuchtete Außenseiter eine weltweite Industrie. Pop war die erste planetare Bewegung, die überall auf dem Planeten gleich verstanden und interpretiert wurde. Jahre- und jahrzehntelang sorgte Pop in seinen unendlich vielen Verästelungen für jugendliche Identität, Pop **war** Jugendkultur. Und immer wieder erneuerte sich Pop: Bombastpop, Sphärenpop, Reggae, Punk, Hard Rock, der konzeptionelle Pop der Achtziger, Techno, Weltmusik, Hip Hop, House, Trance... Ein Ende der Popevolution schien nicht in Sicht.

Doch jetzt, inmitten der neunziger Jahre, scheint der Zauber rapide an Kraft zu verlieren. Während innerhalb des Jahres 1992 die Abschlüsse für neue Plattenverträge bei allen Popproduzenten sich fast um die Hälfte reduzierten, stieg der Anteil der „Altpressungen" ins Unermeßliche. Die Hitparaden des Jahres 1993 werden nur noch von Veteranen gehalten – Mick Jagger, die Beatles, selbst Rentnerbands wie Uriah Heep oder John Mayalls Bluesbreakers und Kitschverkäufer wie Abba gehen wieder auf Tournee. Ein Popurahn wie **Jimi Hendrix** verkaufte im Jahre 1993 genauso viele Platten wie zu Lebzeiten – viele Millionen Tantiemen. Ein gigantischer „Revivalismus" herrscht – nichts, was nicht wieder aufgekocht, gesampelt, imitiert würde. Die „neuen" Formen des Pop sind nichts Neues mehr: Grunge zum Beispiel ist nur eine Aufwärmung von Hippie-plus-Heavy-Ästhetik, Trance führt geradewegs zurück in das psychedelische Synthesizergeblubber aus der Mitte der Siebziger. Wer heute einen x-beliebigen

Jimi Hendrix

Mehr als 20 Jahre nach seinem Tod verkauft Jimi Hendrix immer noch drei Millionen Platten jährlich. Tantiemen: zwischen zwei und vier Millionen Dollar. Davon bekommen die Mitmusiker von Hendrix keinen Pfennig, Jimis Vater Al (74) wird mit einer Minirente abgespeist. ***Petra***

klassische Musik
Nicht nur der Geiger Nigel Kennedy brachte das Klassik-Element in der Popmusik voran. Überraschende Erfolge wie der des polnischen Komponisten Górecki in den internationalen Popcharts deuten auf einen zunehmenden Einfluß der Klassik im „Universum des Pop“ hin.

Popsender anstellt, wähnt sich zwei Jahrzehnte zurückgebeamt. Wer heute, sagen wir, 22 ist, hört inzwischen genausooft **klassische Musik** wie Pop.

Was nun, wenn es sich nicht um eine vorübergehende Konditionsschwäche der Popkultur handelte, sondern um ihren Abgesang? Was, wenn eine neue, weltweite Kids-Generation, die von Videospielen und dem Computer ganz „unkörperlich“ geprägt ist, mit der erotischen, rebellischen Sprache des Pop immer weniger anfangen kann?

DER TABUBRUCH ALS CHIFFRE

Pop ist Rebellion und Tabubruch. Immer schon. Er handelt von den Sehnsüchten und Romantizismen der Jüngeren, vom andauernden Abschied vom Althergebrachten, von Sex, Einsamkeit und tiefen Gefühlen, vom einzelnen, der sich gegen die Welt artikuliert und mit der Musik zur Gruppe wird, zum großen, ekstatischen Kollektiv. Pop ist in seinem Bedeutungskern stets „von unten nach oben“ gerichtet, und Pop ist politisch. Von der Anti-Vietnam-Bewegung bis zum Zusammenbruch des osteuropäischen Kommunismus – Pop hatte enorme Wirkung, war integrativer Teil von Rebellionen und Revolutionen.

Anfang des Jahres 1993 war in mehreren deutschen Zeitschriften zu lesen, daß der Mythos Pop verblasse. Selbst alte Theoretiker der Popbewegung wie Maxim Biller und **Diederich Diederichsen** waren dieser Meinung. Andererseits konnten jetzt konservative Gegner des Pop erstmals lauthals wieder im Feuilleton ver-

Diederich Diederichsen
Im *Spex* vom November '92: „Es scheint dringend angezeigt, von dem Konzept Jugendkultur mit allen angegliederten Unterideen wie Pop, Underground, Dissidenz, Tribalismus, Revolte ... zunächst einmal Abschied zu nehmen.“

künden, was zehn, zwanzig Jahre lang einfach nur dumm und reaktionär war: nämlich daß Pop zur Enthemmung der Jugend führe.

Was dem Popmythos besonders in Deutschland die Spitze abbrach, war sein politischer Unschuldsverlust. Die Nazi- und Skingruppen, die im Zuge der rechtsradikalen Revolte auftauchten, hatten den Pop seiner eigentlichen Herkunft enteignet. Nicht weil sie ihn „mißbrauchten", sondern weil sie ihn beim Wort nahmen. Sie benutzten ihn weiterhin zur Rebellion, zum Tabubruch. Wenn man Nazirock machen konnte, war dann nicht eigentlich das ganze Konzept Popkultur wertlos? Die kulturelle Selbstgewißheit, die die letzten zwei, drei Generationen von Jugendlichen zusammengehalten hatte, löste sich auf.

Neue Fragen kommen hoch: Wie kann die Gesellschaft sich regenerieren, wenn die Jugend ihre „rebellische Weisheit" vergißt? An welchen kulturellen Strängen entwickeln sich gesellschaftliche Veränderungen, wenn es nicht mehr die jugendlichen Avantgarden sind, die den Ton vorgeben? Kann sich das Generationsgefüge womöglich sogar umdrehen – die Älteren werden die „Progressiven", die Jüngeren sind die „Mitläufer"? Ist die Rebellion der Jugend womöglich ein Relikt des 20. Jahrhunderts, das mit diesem Jahrzehnt vergessen sein wird?

„Seitdem die Moderne die Zukunft als das offene Feld des Neuen entdeckte, verkörpert die Jugend die Zukunft, eine soziale Gruppe, die, von Geschichte und Gesellschaft unverdorben, als natürlicher Träger des Fortschritts galt. Dieses Zukunftscharisma der Jugend strahlte auf Mode und Politik aus und hielt sich noch, als die Utopien schon längst abgestürzt waren. Mit dem grundlosen wie zufälligen Terror der jungen Rechtsradikalen verkehrt sich auch hier die Perspektive: Diese neue Jugend erscheint als dämonische Bedrohung." (Der Soziologe Bernhard Giesen in der *Woche*)

MEIN KINDES UNIVERSUM

Wie wir unseren ganz individuellen Kosmos konstruieren warum sich die Virtual Reality auch ohne Computer durchsetzt, und warum Themenwelten die Zukunft bestimmen werden.

Bald schon, so prophezeien uns die Apologeten der künstlichen Wirklichkeit, werden wir in unseren Wohnzimmern jene Apparate aufbauen können, die uns vollends in eine künstliche Wirklichkeit entführen. Wir ziehen uns also die Brille auf, streifen den Datenhandschuh über, ziehen den Ganzkörper-Sensoranzug an – und betreten Landschaften und Welten, in denen die Gesetze der Physik aufgehoben sind. Alice im Wunderland. Fliegen und Dinge herbeizaubern sind keine Kunst mehr. „Warum", sagte der Prophet der **Virtual Reality,** Jaron Lanier, „sollte man nicht einmal einen Tag als Hummer verbringen?"
Gute Frage.

Doch läßt sich „künstliche Wirklichkeit" nur in einem quietschenden, schweißtreibenden Gummianzug betreiben? Wer VR jemals ausprobiert hat, weiß, daß der Weg zu einer wirklichkeitsnahen interaktiven drei-

Virtual Reality
Ursprünglich die Erzeugung eines dreidimensionalen Bildes im Computer, in dem man mit Hilfe einer stereoskopischen Brille „herumspazieren" kann. Steht im erweiterten Sinn auch für die künstliche Wirklichkeit, die von den Medien in unseren Köpfen erzeugt wird.

dimensionalen Simulation in Echtzeit noch weit ist und daß das Spiel schnell langweilig wird. Einstweilen erzeugen auch die riesigen Rechner nur ruckelnde Bilder; die Reise ins Reich der durchlässigen Wände und Dächer verursacht mehr Kopfschmerz als Vergnügen, und das wird vermutlich auch eine Weile noch so bleiben.

THEME-WORLD ALS METAPHER

Um die „reale" Bedeutung künstlicher Realität zu erfassen, benötigen wir keinen superschnellen Rechner. In Amerika eröffnete die erste virtuelle Welt bereits im Jahre 1955. Disneyland war von Anbeginn an nichts anderes als die Idee einer gigantischen Simulationsmaschine, einer Welt der Illusionen, in der der Besucher so realistische Abenteuer wie möglich erleben sollte – dreidimensional und in **Echtzeit**. Disneyland war der Prototyp eines Phänomens, das heute die gesamte industrielle Welt überflutet: die Theme-World.

Theme-World, auf deutsch Themenwelt, bedeutet: Erzeugung einer Erfahrung, die nicht wirklich gemacht wird. Oder: Rekonstruktion einer vergangenen Welt, einer sinnlichen Historie. Oder: Konstruktion eines Environments, einer künstlich zusammengefügten, aber durchaus biologischen Ökologie, die in sich abgeschlossen existieren kann.

Theme-World ist zunächst ein typisch amerikanisches und japanisches Phänomen. Für europäische Gehirne ist die eigentlich simple Grundhaltung dahinter nicht leicht zu verstehen. Denn hierzulande gilt die Überzeugung, alles, was wir erleben, sei „echt". Die eu-

Echtzeit
Die Fähigkeit einer Simulation, dem Benutzer einen realistischen Zeiteindruck zu geben (also keine ruckelnden Bilder o.ä.).

ropäische Kultur sieht sich als „Mutter", als das Original. Mit japanischen oder amerikanischen Augen jedoch werden die Grenzen zwischen Wirklichkeit und Simulation schnell unscharf. Für einen Amerikaner, der das Schloß Hohenschwanstein besucht, ist das „Universum" von König Ludwig II. eine perfekte Scheinwelt – es interessiert ihn nicht übermäßig, ob die Mauern, Möbel und Grotten tatsächlich aus Ludwigs Zeiten stammen oder geschickt in Plastik nachgebaut wurden. Ebensowenig wie es den japanischen Touristen beschäftigt, ob Rothenburg ob der Tauber „echt" ist oder einfach nur das Produkt von heutigen Baumeistern. Die amerikanische und die japanische Kultur basieren auf Storytelling, während die europäische auf der Idee der authentischen Historie fußt.

Doch natürlich ist auch der europäische Tick mit der Echtheit bei genauerer Betrachtung etwas im Grunde Künstliches. Virtualisierung beginnt im Kopf, und die Medien mit ihren tausend Spiegelungsmöglichkeiten, die die moderne Kultur parat hält, führen zu einem permanenten „Virtualisierungsprozeß". Bilder verselbständigen sich, sie werden zu Abziehbildern von Abziehbildern, und schließlich fangen sie an, ein Eigenleben zu führen. Wo beginnt Künstlichkeit, wo endet sie? Ist nicht das Trachtenfest in der Nachbargemeinde eine vollkommen künstliche Simulation, obwohl es angeblich um echte Volksbräuche geht? Ist nicht das kleine pittoreske, ach so natürliche spanische Bergdorf, in das es uns jedes Jahr in den Ferien wieder zieht, nichts anderes als eine Simulation von Natürlichkeit? Ist nicht

Paris oder New York in unserem Kopf längst eine Simulation geworden, ein Ensemble von vorgefaßten Erwartungen, Bildern, Gerüchen, Geräuschen, die man ohne große Probleme an der nächsten Straßenecke „nachbauen“ könnte? Basiert nicht mindestens die Hälfte unseres Alltagslebens auf Themenwelten? Die griechische Kneipe an der Ecke – eine Simulation des Topos Griechenland. Das Programmkino – ein Zitat des guten alten Kinopalastes.

Wer einmal dieses Grundmuster verstanden hat, den läßt es nicht mehr los. Die zum Schreien spießige Plüschwohnung der Oma verwandelt sich plötzlich in eine Theme-World mit dem Titel „Simulierte sechziger Jahre“. Helgoland ist nichts anderes als eine Nepp- und Sauf-Theme-World, in der ein Hafen simuliert wird, unsere Kinder leben in kompletten Theme-Worlds aus Comicfiguren, Popgruppen, Turnschuhen oder Klamottenmarken. Was ist eine Parfüm- oder Zigarettenmarke anderes als eine aus Bildern „gesampelte“ Theme-World? Keitum auf Sylt, Oberammergau, Wien, Moskau, Dänemark, **Los Angeles**, die Schweiz, Grönland, das Mittelalter, die Welt der Dinosaurier – das Terrain der Themenwelten breitet sich unaufhörlich aus. Die Grenzen verschwimmen. Der Druck des Künstlichen auf die Wirklichkeit wird stärker.

Aber wie ergeht es unseren fünf Sinnen bei der Reise in die Zweite Realität? Wie verfügbar ist heute eine komplette, selbsterzeugte, artifizielle Welt, unser höchstpersönliches Universum, das wir uns nach eigenem Gusto aus- und einrichten können?

Los Angeles

Dort eröffnete vor kurzem ein Theme-Park mit dem Thema „sauberes Los Angeles“. Geboten wird eine künstliche Stadt ohne Penner, Gangs und Drogen. L.A., wie es sein soll: sauber, optimistisch und sicher. Mit imitierten Strandbars, in denen man Surf-Filme ansehen kann, und dem Nachbau eines Restaurants in Venice, das vor kurzem wegen gewalttätiger Gangs geschlossen werden mußte.

DIE VERFÜGBARKEIT DER BILDER

In den sechziger Jahren – es war die Zeit der Mondlandung – gab es eine primitive Frühform der Virtual-Reality-Technik: Im Viewmaster, einem dreidimensionalen Betrachtungsgerät für den Heimgebrauch, konnte man äußerst plastische (aber auch äußerst künstliche) dreidimensionale Bilder von der Mondoberfläche, den Astronauten und Raketenstarts betrachten. Niemals allerdings wäre man auf die Idee gekommen, man habe es mit Wirklichkeit zu tun.

Seitdem hat sich eine ungeheure Flut von Bildern über die Medien- und Datenkanäle des Planeten ergossen. Um die Dynamik dieser Entwicklung zu ermessen, muß man sich lediglich vorstellen, wie viele Bilder jedem einzelnen Individuum heute im Vergleich zu einer Zeit zur Verfügung stehen, als das einzige Medium das gemalte oder gezeichnete Bild war. Zwar ist der verfügbarste aller Bildträger, das Fernsehgerät, immer noch ein relativ kleines Bullauge in die Welt der Bilder geblieben, aber es sprengt, mit Breitwandformat und HDTV, bereits seinen Rahmen. Zudem dürfte es in Sachen Schnelligkeit so bald nicht zu schlagen sein: Ein moderner Videoclip bombardiert den Zuschauer mit etwa vier Bildeinstellungen pro Sekunde, die allesamt hoch artifiziell und symbolisch sein können. Und die Bilder wachsen aus ihrer Zweidimensionalität heraus:- **Holographische Projektion** ist heute in den Laboratorien des MIT (Massachusetts Institute of Technology) in Erprobung, es gibt bereits Videospiele, in denen

Holographische Projektion

„Wenn ich im Jahre 2000 in mein Büro komme – falls es dann überhaupt noch ein Büro gibt –, dann werden die holographischen Mäuschen auf meinem Tisch herumtanzen, ihr Programm voller Jobs und Informationen haben und all das schön ordentlich erledigen, was ich von ihnen verlange." (Nicholas Negroponte, MIT/Medialab)

man mit kleinen dreidimensionalen Figuren kämpft. Eines der alten Versprechen des technologischen Booms der Sechziger ist in diesem Jahrzehnt noch Wirklichkeit geworden – das **Bildtelefon**. Das Rundumkino, schon totgesagt, erlebt in den Freizeitparks eine Renaissance. Und bis zum Ende des Jahrtausends wird die Verfügbarkeit einer frei gewählten optischen Total-Umgebung im eigenen Heim bereits sehr nahe sein. Eine Szene in dem Science-fiction-Film „Soylent Green" nimmt das bisher schier Unmögliche bereits vorweg: Ein alter Mann liegt in seinem Zimmer und stirbt, und rund herum an den Wänden entfalten sich in dreidimensionaler Pracht die schönsten Landschaften des Planeten. Bunte Fische ziehen ihre Bahn durch Korallenriffe, Wiesen und Wüsten weiten sich bis in den Horizont, Vulkane brechen aus, Urwälder zeigen ihr verschlungenes Geäst, und am Ende liegt der blaue Schimmer der Atmosphäre, aus dem Weltraum gesehen, über dem friedlichen Gesicht des Entschlafenen...

Bildtelefon

Sowohl private Anbieter als auch die Bundespost haben im Jahr 1993 die ersten preisgünstigen Geräte herausgebracht, mit denen man ein Bild in akzeptabler Qualität über einfache Telefonleitungen versenden kann.

DIE VERMUSIKALISIERUNG DER WELT

Nirgendwo ist die virtuelle Revolution so weit fortgeschritten wie in der Welt der Töne. Nirgendwo sind die Qualität der Reproduktion, die Verfügbarkeit und die Mobilität des Mediums weiter gediehen als im Bereich der Akustik. Ohne groß zu übertreiben, kann man behaupten, daß heute an jedem Punkt des Planeten jede Art von Musik zu hören ist. Die Miniaturisierung hat dazu geführt, daß man in der Fabrik, der Straßenbahn, beim Spazierengehen oder beim Abwaschen pathetischen Wagner oder kristallklare Klaviermusik, dröhnenden Kreissägenrock oder sphärische Klänge in voller Hi-Fi-Qualität hören kann.

Ein paar Zahlen: Über eine Hi-Fi-Anlage verfügen heute siebzig Prozent aller deutschen Haushalte. Die Kosten für diese Technologie sind seit den sechziger Jahren auf schätzungsweise ein Viertel des damaligen Preises gesunken. Wie sehr die Musik unsere Stimmungen und Lebensgefühle beeinflußt, wissen wir nicht erst seit Erfindung der **Muzak**, die uns in Supermärkten kaufgeneigt und entspannt stimmen soll. Die Manipulation unserer akustischen Umwelt bringt völlig neue Möglichkeiten der Selbststimulierung hervor. Sie ist ein wesentliches Element jener Virtualisierung, die Teil jedes Kulturprozesses ist. Ein bestimmtes „musikalisches Lebensset“, ein „akustischer Kokon“, gehört heute zur Ausstattung individueller Lebensführung. Mit Musik erzeugen wir uns selbst. Achten Sie einmal darauf: Versuchen Sie, einige Tage völlig ohne Musik auszukommen...

DIE FEINHEITEN DES TAKTILEN

Eine Rose ist eine Rose ist eine Rose. Allerdings nur bis zu jenem Zeitpunkt, an dem man eine Diskussion darüber beginnt, ob die konkrete Rose auf dem Tisch des Restaurants nun echt ist oder nicht (zumal wenn sie auch noch ganz manierlich nach Rose riecht).

Die moderne Werkstofftechnik ist bereits so weit, daß praktisch jedes beliebige Material – hart oder weich, transparent oder massiv – in jeder beliebigen

Muzak

Auch Fumu (für Funktionelle Musik). Klangteppich zur Erzeugung von Stimmungslagen. In den USA starteten vor kurzem die ersten Muzak-Radiosender. Zehn verschiedene Kanäle für zehn Stimmungslagen, von dramatisch bis verliebt.

Weise zu formen ist. Die numerisch gesteuerten Maschinen der neueren Generation stellen in Minuten jeden beliebigen Körper her, der im Inneren eines Computers als Drahtgittermodell konstruiert wurde. So kommen ständig virtuelle Dinge auf die Welt – Gegenstände, die bislang in unserer Formenwelt nicht vorkamen.

Wer die Geschicklichkeit unserer modernen plastischen „Weltenbauer" beurteilen will, sollte sich in manche amerikanische und japanische Zoos begeben. Wie detailreich und täuschend genau man heute Bäume, Pflanzen, Felsen, ganze Landschaften künstlich zusammenbauen kann, ist verblüffend. Die Modelleisenbahn-Freaks der Zukunft, die Liebhaber selbstgebastelter Landschaften können im Maßstab eins zu eins arbeiten.

DIE OLFAKTORISCHE REVOLUTION

Der Geruchssinn bietet bei der Ausgestaltung unseres Zweiten Universums in den nächsten Jahren die größten Entwicklungschancen; hier besteht besonders in Europa noch ein riesiger Nachholbedarf. Duft als Gestaltung unserer Umwelt ist hierzulande fast ausschließlich auf Parfüm und Deodorant beschränkt. Und besonders die Geruchskultur der Deutschen ist zutiefst von der Idee der „Geruchshygiene" geprägt. Gerüche sind Übertüncher von übleren Gerüchen; deshalb werden sie gerne in Overkill-Varianten eingesetzt. Das Duftbouquet in der Schale, die Geruchskerze oder der Toiletten-Deostein sind das klägliche Resultat einer

Kultur, die die Wahrnehmung mit der Nase kaum gelernt hat.

Wer nach Amerika gereist ist, kann die Unterschiede riechen: Während hierzulande eher Muffiges in der Luft liegt, riecht Amerika ziemlich gut. Die Amerikaner haben die olfaktorische Revolution bereits zu Teilen hinter sich. Denn mit Düften kann man mindestens genauso Stimmungen verändern, Atmosphären schaffen, wie mit Musik oder Bildern. Düfte sind noch intensiver an tiefenpsychologische Erinnerungen gebunden als Farben oder Formen; sie sprechen eine atavistische Ebene unseres Gehirns an. Es ist eine Frage der Zeit, bis die Aromatherapie-Welle über den Atlantik schwappt und Olfaktorik ein Teil unserer normalen Umweltgestaltung wird. Neue Zerstäubertechniken, kombiniert mit „subtileren" Klimaanlagen und Luftbefeuchtern, werden unserer deutschen Umwelt den Mief austreiben. Die groben, künstlich wirkenden Geruchshämmer verschwinden zugunsten natureller Düfte, die, stets mit frischer, würziger, „schmelziger" Konnotation, bald auch bei uns in Büros, Wohnungen und öffentlichen Gebäuden das Klima prägen werden. Manche Düfte wirken anregend, andere entspannend – der Duftpsychologe hält Einzug in die Betriebe. „Heute ist wieder Zimttag", heißt es dann morgens im Büro. Konzerne werden sich **Duft-CIs** verschaffen, vom After-shave des Managements über die Produkte bis hin zu jenem feinen Geruch, den nur Druckwaren ausströmen können – Visitenkarten und Briefe eines Unternehmens werden eine „Duftbotschaft" aussenden.

Duft-CI

Corporate Identity für die Nase. Wie ein neues Auto zu riechen hat, das ist heute schon Thema für Expertenteams. Warum nicht dem ganzen Unternehmen eine bestimmte Duftnote verleihen?

FULL-SCALE-SIMULATION

Wir haben also unseren kleinen virtuellen Baukasten der Sinne praktisch komplett. Da aber hierzulande eine hartnäckige Abneigung gegenüber allem existiert, was künstlich ist, wollen wir, bevor wir die einzelnen Anwendungsgebiete genauer diskutieren, noch zwei Argumente für die Errichtung artifizieller Welten ins Feld führen.

Erstens das ökologische Argument. Gerade wer für das „Echte" und „Authentische" ist, muß es vor dem Einfluß und der Gegenwart des Menschen schützen. Der gesunde Menschenverstand sagt uns, daß es einfach besser ist, die Höhle von Lascaux mit ihren einzigartigen Steinzeit-Graffiti zu schließen und dieselbe Höhle einige Kilometer weiter als Full-scale-Simulation, als perfekte Kopie, noch einmal zu errichten. Ebensowenig dürfte etwas gegen den **virtuellen Naturpark** einzuwenden sein. In Amerika werden heute bereits im Namen der Natur ganze Landstriche für den Menschen gesperrt und statt dessen große Simulationszentren gebaut. Dort kann man die lokale Tier- und Pflanzenwelt im virtuellen Raum beobachten, ohne auch nur einen einzigen Strauch zu knicken.

Dieser Gedanke, konsequent zu Ende gedacht, führt irgendwann zu der zwar melancholischen, aber durchaus realistischen Einsicht, daß auch die virtuelle Südsee in der Lüneburger Heide, unter Glaskuppeln hygienisch und als Freizeitzentrum simuliert, der Südsee weitaus besser tut als ein Massentourismus, der die

Virtueller Naturpark

Im Zion National Park in den USA wird am Eingang ein riesiges Besucherzentrum gebaut, in dem man in einem Rundumkino und auf einem kleinen Spaziergang die gesamte Natur des Parks erfahren kann. Vorteil: Die „echte" Natur bleibt von den Besuchermassen verschont. Ziel: das „Erlebnis" im Theme-Park intensiver zu machen als die Wirklichkeit.

letzten unverbrauchten Landschaften unserer Erde zerstört. Die Virtualisierung der Natur ist die logische Konsequenz aus der Gesellschaft des Massenkonsums, der einzige Frieden, den wir realistischerweise mit der Natur schließen können.

Das führt zwangsläufig zum zweiten Argument – dem demokratischen Element der virtuellen Welt. Ohne Zweifel steht hinter der Virtualisierung das Bedürfnis von vielen, Außergewöhnliches zu erleben. Wenn nun in der modernen Simulationswelt dem ganz normalen Bürger ermöglicht wird, im Palast des Sonnenkönigs herumzuspazieren, in den Weltraum zu fliegen und mit einem U-Boot die Antarktis zu durchqueren, dann wird er durch die Technik des „kleinen Universums" zum Welteroberer. Er dehnt den Radius seiner Erfahrungen ungeheuer aus – in Dimensionen hinein, von denen vor hundert Jahren noch nicht einmal gekrönte Häupter träumen konnten. Das – und nichts anderes – erklärt die fast schon fanatische Liebe zu Ikonen wie Mickymaus oder Mario. Sie stehen symbolisch für die Befreiung des kleinen Mannes aus den Grenzen des „Originals".

So liegt im strikten Argumentieren für das Echte – und in der Angst vor der Virtualisierung unserer Umwelt – immer auch zwangsläufig ein feudalistisches Argument. Denn die Ressourcen und Phantasien des Planeten sind begrenzt. Man muß nur mit offenen Augen durch die Landschaften Mitteleuropas fahren, um zu begreifen, daß das Echte längst weggekauft, begradigt, kanalisiert, vernutzt ist. Nur eine winzige Anzahl von

Das „Glücks-Königreich" liegt auf der japanischen Insel Hokkaido, etwa tausend Kilometer nördlich von Tokio. Mit saftigen Wiesen und schwarzweißen Milchkühen wirkt die Landschaft ringsumher norddeutsch. Die Häuser (mit Restaurants mit Namen wie „Maximilian" und „Kassel" und Geschäften mit deutschen Brot-, Käse- und Wurstspezialitäten) wurden von deutschen Handwerkern nach Vorbildern in Rothenburg und Hanau erbaut. Dazu verschiffte man 1500 Tonnen Steine von Deutschland nach Japan.

privilegierten Menschen kann es sich leisten, ein Haus in freier Landschaft zu bewohnen, den Dschungel oder die Antarktis zu bereisen. Nicht jeder der bald sechs Milliarden Erdenbürger könnte – und sollte – sich in den Himalaja bewegen, den Eiffelturm besteigen oder die Chinesische Mauer entlangwandern. Mit der Virtualisierung unserer Umwelt wird diese Limitierung aufgehoben. Wer, der bei nüchternem Verstand ist, möchte dies ernsthaft den Menschen verwehren?

VIRTUELLES EINKAUFEN

Einer der ersten Bereiche, in denen Virtualität in Form von Themenwelten heute in unsere Alltagsrealität eindringt, wird durch das Einkaufen definiert. Boutiquen neueren Typs sind nicht mehr einfach „Läden", sondern bereits komplett ausgestaltete Welten mit taktilen, olfaktorischen und akustischen Elementen. In den meisten von ihnen herrscht inzwischen ein Thema, das zunehmend auch die Sparten auflöst. Besonders in Amerika ist diese **Shopping-Theme-World**-Tendenz schon weit fortgeschritten. In dem einen Geschäft erhält man alles zum Thema Afrika – Kleidung, Designgegenstände, Kunst einschließlich dumpfer Trommelmusik im Hintergrund und des Dufts nach Orchideen und Leoparden. In einem anderen herrscht viktorianisches England als Thema vor, während man sich in einem dritten in einer jungen ländlichen Mädchenwelt im Skandinavien der Jahrhundertwende befindet, mit gedeckten Tischen mit Früchten darauf, die man als Kunde auch essen kann. Selbst Themenwelten der Zukunft

Shopping-Theme-World

Auch Kaufuniversum. Ladenkonzeption entlang von Themen statt Sparten wird in den nächsten zehn Jahren die Welt des Einzelhandels umkrempeln.

lassen sich verwirklichen, etwa wie man sich in einer Raumstation fühlt.

Die virtuellen Läden sind also eine Kreuzung zwischen Museum, Erlebniswelt und Verkaufsstätte. Und sie entwickeln sich, zusammengefaßt, zu **Malls**, das heißt zu Vergnügungsparks mit Einkaufsmöglichkeiten. Die Mall, das Entertaining-Einkaufszentrum, ist in Amerika und Kanada bereits für 53 Prozent aller Kaufvorgänge gut.

VIRTUELLES REISEN

Zugegeben: Künstliches Reisen hat noch kein besonders gutes Image. Wer immer es sich leisten kann, möchte selbst in die Südsee, möchte die Elefanten in natura bestaunen. Noch können diese Wünsche meist befriedigt werden, der ökonomische Showdown der Fluggesellschaften läßt es immer noch attraktiver erscheinen, sich unter Verbrauch ungeheurer Mengen Kerosins um den halben Planeten schießen zu lassen, als mit einer Kopie vorliebzunehmen. Aber die Zeichen stehen günstig für die Virtualisierung des Reisens.

Wenn man so will, war der Club Méditerannée der Vorläufer dieser Virtualisierung: Statt eines Ankommens in einem fremden Land wird am Endpunkt der Reise ein künstliches Environment geschaffen, ein Ghetto, aus dem der Reisende sich kaum herausbewegt. Die neueren Clubvarianten überall in der Welt mit ihren immer raffinierteren Laser-Shows und imitierten Wasserfällen und römischen Kulissen sind schon nah dran am Virtuellen. Auch die Kreuzfahrt ist nicht weit

Mall

Ein Beispiel ist die West Edmonton Mall in Kanada. Diese erste Mega-Mall der Welt verfügt über eine Nutzfläche von 480.000 Quadratmetern. Sie bietet ein künstliches Meer, in dem man mit U-Booten fahren kann. Dressierte Delphine, die vor einem Schuh- und einem Ledergeschäft springen. Echte sibirische Tiger. Mechanische Jazzkapellen. Anläßlich der Eröffnung verkündete einer der Entwickler: „Was wir hier geschaffen haben, bedeutet, daß niemand mehr nach New York oder Paris oder Disneyland oder Hawaii fahren muß. Wir haben für Sie alles unter einem Dach zusammengebracht…“

davon entfernt – bei vielen Fahrten fragt man sich, ob ein Landgang überhaupt noch sinnvoll ist, zumal er mit so häßlichen Risiken wie Diebstahl oder Diarrhö bezahlt werden muß –, warum also nicht gleich im Hafen bleiben und in einer perfekten Inszenierung Filme vor den Fenstern ablaufen lassen?

Künstliches Hongkong

Ein Konsortium internationaler Firmen entwickelt derzeit einen Plan, die Stadt Hongkong in Finnland nachzubilden, wenn die ehemalige Kronkolonie 1997 an China fällt. Einschließlich Palmen und Gebäudekomplexen für 5000 wohlhabende Hongkonger.
The European

Die derzeitige Tendenz auf dem Reisesektor geht eindeutig zum kurzen Erlebnisurlaub, den man mehrmals im Jahr absolviert. Städtereisen boomen nach wie vor, immer noch sind die klassischen Ziele des Tourismus – von den Pyramiden über die Niagarafälle bis zur Sixtinischen Kapelle – gefragt. Je mehr Menschen sich aber auf den Weg machen und je kürzer die Reisezeit wird, desto beschwerlicher wird die Reise, desto größer die Unfallwahrscheinlichkeit. Und desto sinnvoller wird die Überlegung, ob man die Niagarafälle, die Pyramiden, die Fresken des Michelangelo nicht auch anders erleben kann.

Virtuelles Reisen erzeugt sich aus der Logik des Tourismus selbst. Es liegt in Trend-Schnittpunkten. Die schönen Strände auf der Erde werden allmählich rar, das Fliegen wird in den nächsten Jahren ins Zentrum der ökologischen Debatte rücken. Trotz aller gegenteiligen Beteuerungen sind zwei Drittel der Gründe, weshalb Menschen in den Urlaub fahren, immer noch simple Faktoren wie Sonne, Sand, Ruhe, Meer. All dies aber kann man – die neuen **Center Parks** zeigen es – genausogut in der Lüneburger Heide oder in Holland simulieren, sauberer, schöner, angenehmer, auch moralisch reiner als in Sri Lanka oder Bangladesch.

Center Park

Die britische Gesellschaft Center Park baut derzeit in Wiltshire ihren dritten Subtropic Park. Kosten: 225 Millionen Mark. Die anderen beiden englischen Parks der Firma sind durchschnittlich zu 98 Prozent ausgelastet.

VIRTUELLES WOHNEN

Vorbei sind die Zeiten, als ein bestimmter Stil eine Wohnung prägte – von der Zierleiste über den Stuhl bis zum Bilderrahmen mußte alles „passen". Vorbei die Ära, als wir mit 25 ein für allemal unseren Stil fanden, unsere Wohnung in diesem Stil einrichteten und den Rest unseres Lebens dieses Ensemble lediglich komplettierten.

Heute werden die Varianten unserer Wohnstile immer vielfältiger. Die Dinge in unseren Wohn-, Schlaf- und Kinderzimmern kommen und gehen. Altes wird mit Neuem, Modernes mit Spießigem, Helles mit Dunklem nach Belieben zusammengemixt. Wie aber sollen wir uns die dauernde Umrüstung und Umstylung leisten? Jedesmal die alten Möbel wegwerfen?

Es gibt wohl kaum einen Sektor unserer alltäglichen Welt, in dem der Druck des Virtuellen so groß ist wie in der Entwicklung des Wohnens – und kaum einen, in dem so wenig reale Veränderung in dieser Hinsicht stattfindet. Immer noch besteht die eher konservative Möbelindustrie auf der Totalität schwerer Schrankwände und überdimensionierter Einbauküchen – und merkt gar nicht, daß der Stil des Wohnens sich völlig zu wandeln beginnt. Der Futon war ein Vorläufer dieses Prozesses, der Triumph der weißen Rauhfasertapete und die Krise des Tapetenmarktes signalisierten bereits Zeiten, in denen man sein Inneres ungehemmt an die Wände projizieren wollte – keine Limitierungen bitte! Aber jemandem, der sich heute eklektizistisch und

„Das Hauptthema am Ende dieses Jahrhunderts ist der Eklektizismus. Das Heim von heute ist eine bunte Mischung aus zeitgenössischen Objekten. Es gibt nicht mehr das monokulturelle Haus, sondern das Haus des Reisenden."
(Der italienische Designer Guilio Cappellini)

variabel einrichten will, bleiben aus Verzweiflung nur der Wohnwagen und einige wenige Anbieter, die auf die geistigen und realen Mobilitätsbedürfnisse ihrer Kunden eingehen.

Um es zuzuspitzen: Wie lange dauert es noch, bis eine **virtuelle Tapete**, bei der man die Farbe und das Muster ändern kann, auf den Markt kommt? Das Sofa, dessen Form sich radikal verändern läßt, die Kommode, die man von innen nach außen stülpt, das projizierte Trompe-l'oeil? Alles, was variabel und veränderbar ist, wird auf dem Einrichtungsmarkt auf Dauer den Sieg davontragen. Der Sessel, zu dem man problemlos einen komplett anderen Überwurf kaufen kann, das Tischleinwechseldich, das schnell eine neue Platte erhält. Leichte, luftige Materialien gewinnen das Rennen – der Siegeszug der Halogenstrippen hat gezeigt, wie variabel man sich heute Dinge wie Licht wünscht. Auch werden bereits Häuser ohne feste Innenwände konstruiert. Das Klapphaus, das Schnellumziehhaus, das „Livingmodule" in allen Stilformen von Klassik über Neobarock bis Postmoderne oder Raumschiff, wäre ein großer Markt. Wenn es nicht hierzulande Bauverordnungen und Landschaftsschutzverordnungen und Verordnungen zur Sicherheit der Türklinke und des Fußabtreters gäbe, daß sich die Paragraphen biegen...

Virtuelle Tapete

Über 100.000 digitalisierte Kunstwerke von Andy Warhol bis Picasso warten bereits darauf, auf einem an der Wand hängenden superflachen LCD-Schirm absolut brilliant und flimmerfrei an den Wänden daheim dargestellt zu werden. Die Daten kommen per Kabel ins Haus. Bill Gates (Microsoft) hat bereits die Bildrechte dafür erworben.

VIRTUELLE KOMMUNIKATION

Dies ist natürlich der Wachstumssektor der künstlichen Wirklichkeit, das Einfallstor, durch das die Virtualität in unsere altbekannte Welt einbricht. Das Stichwort der nächsten Jahre ist **Telepräsenz**. Da sind immer mehr Stellen und Gegenden auf dem und außerhalb des Planeten, wo menschliche Gegenwart („Steuerung“) vonnöten ist, körperliche Gegenwart des Menschen aber entweder ungemütlich oder zu teuer. Man denke nur an die verseuchten radioaktiven Gebiete in Nordrußland, an all die Atomendlager und verrotteten Kernkraftwerke. Auch Weltraumoperationen dürften in Zukunft mehr und mehr Telepräsenz erfordern: Taktile Roboter, von der Erde aus mit dem ganzen Körper steuerbar, sind inzwischen billiger als reale Astronauten. Aber diese technische Variante der Telepräsenz ist nur ein Nebenzweig.

Die Beschleunigung und Intensivierung der Kommunikationsflüsse, die sie mit sich bringt, werden innerhalb der nächsten zwei Jahrzehnte die Bindung von Menschen und Unternehmen an einen bestimmten Standort lockern.

Die Sache mit den freien Mitarbeitern, die zu Hause arbeiten, scheiterte bislang ja daran, daß Kommunikationsflüsse über das Telefon nicht wirklich verbindlich sind. Man muß, um in eine lebendige Firmenstruktur integriert zu sein, jemanden sehen können. Dies aber wird mit ISDN in Vollqualität möglich und ist auch heute schon mit relativ billiger Technologie über die Telefonleitungen machbar.

Ähnliches gilt für die innerbetriebliche Kommunikation. Die blitzschnell einberufene Konferenz, die in einem modernen Betrieb eigentlich stündlich, minütlich,

Telepräsenz

Elektronisch vermittelte Anwesenheit. In gewissem Sinne ist schon der Anrufbeantworter ein Telepräsenz-Gerät. Gemeint ist mit diesem Begriff jedoch die optische Kontrolle. Momentan laufen weltweit die ersten Versuche mit ferngesteuerten Operationen – Medizin via virtuellen Raum.

in ständig wechselnden Konstellationen nötig wäre, scheitert an der Nichtverfügbarkeit der Mitarbeiter – bis man sie alle zusammenhat, ist schon alles zu spät. Anders wird dies mit einem Bürovernetzungssystem, wie es etwa Olivetti derzeit im englischen Cambridge entwickelt.

Das Pandora genannte Netzwerk verwandelt jedes Computerterminal in ein intelligentes Kommunikationsterminal. Man kann sich, durch simple Fenstertechnologie, jederzeit mit den Kollegen optisch und akustisch zu einer Telefon-Bild-Konferenz zusammenschalten. Man kann auch nach Belieben im Gebäude umherlaufen – ein elektronischer Button am Revers sagt dem System, wo man sich befindet, und wenn man gebraucht wird, kann man sich an jedem Terminal wieder einklinken.

Wie bei den meisten neuen Technologien handelt es sich bei Telepräsenz nicht um eine Angelegenheit, die alles Alte radikal abschafft. Wie immer wird etwas ergänzt – und dadurch das Hergebrachte verändert. Immer noch wird viel telefoniert werden – aber nicht mehr so hilflos und chaotisch. Die Heerscharen der Herren in blauen Anzügen, die jeden Morgen in den Flughafen-Lounges sitzen, um eine Stunde zu fliegen, eine Stunde Geschäftspartner zu treffen, um dann wieder zurückzufliegen, werden sich deutlich ausdünnen.

Die Videokonferenz wird eine Zentrale ständig mit ihren Dependancen verbinden, und sie kann neue, dezentrale Firmenstrukturen zeugen (Modul-Struktur). Raum-, Zeit- und Reisekosten werden zugunsten höherer Flexibilitätsgrade reduziert. Schon heute bekommt man manche Manager einfach nicht mehr dazu, von München nach Frankfurt zu ziehen. In Zukunft können sie wahrscheinlich in München wohnen bleiben.

Schließlich und endlich wird Telepräsenz auch neue Lebensstile begünstigen. Die Utopie des kreativen Selbständigen bekäme neue Plausibilität. „Manager-Nomaden", „Marketing-Zigeuner" könnten in den Netzen der Telepräsenz entstehen, und auch die Liebe wäre nicht ausgespart. Die Fernbeziehung, schon heute eine im Wachsen begriffene Liebesform, bekommt ungeahnte Nuancen. Der neue Aristokrat (die neue Aristokratin) sieht seine Lady (ihren Fürsten) einmal am Tage. Die Körperpräsenz aber spart er (sie) sich fürs Wochenende.

VIRTUELLES BEWUSSTSEIN

In einem Computerspiel namens Habitat betreten die Spieler eine imaginäre Welt, in der sie andere Menschen treffen und über Modem-Vernetzung Beziehungen zu ihnen aufbauen können. Sie können Häuser einrichten und Möbel kaufen, heiraten und Kinder bekommen, sich scheiden lassen, auswandern und kriminell werden, Karriere machen und in Armut versinken.

Wie verändert eine mediale Welt, in der wir ständig Biographien testen, simulieren, andeuten, durchspielen, unsere Denkweisen? **Multiperspektivik** lautet das erste Stichwort. Die andauernde Erfahrung der Simulation trainiert das Gehirn, aus seiner Eingleisigkeit hinauszuwachsen. Die Fähigkeit, sich in verschiedene

Multiperspektivik
Die Fähigkeit, Probleme oder Dinge dreidimensional zu sehen, also aus verschiedenen Gesichtspunkten zu betrachten.

Orte und Zeiten zu „beamen“, führt über kurz oder lang zum Verlust der Zentralperspektive, in der nur eine Wahrheit, nur eine Wirklichkeit existiert. Für diese Fähigkeit übt unsere Kultur bereits auf vielen Ebenen. Man denke nur an den multiperspektivischen Kriminalfilm von ZDF und ARD, bei dem man durch Umschalten von einem Kanal zum anderen die Geschichte aus verschiedenen Sichtwinkeln betrachten konnte. Oder die unzähligen Simulationsspiele, die heute auf unseren Computern laufen: Auf ihnen kann man ganze Welten in ihrer Vernetzung wachsen, gedeihen und vergehen sehen – „Universum spielen“; ein Sport mit Zukunftsaussicht.

Die Welt als Wille und Vorstellung. Natürlich liegt in diesem scheinbar allmächtigen Schöpfer-Ego eine enorme Gefahr. Die Hybris, die in der Idee liegt, sich einen eigenen Kosmos zu schaffen, kann leicht Ludwig-I.-Dimensionen annehmen. Aber dieser narzißtische Vektor wird durch eine andere, entgegengesetzte Kraft kontrolliert. Die Erfahrung der Virtualität macht uns nämlich auch zu großen Zweiflern, sie vermittelt uns ständig die Erfahrung von Relativität. Die „zweite Erschaffung der Welt“ rüttelt an den Grundfesten unserer tiefsten Überzeugungen. Sie greift – das macht sie so angstbesetzt – unsere lineare Logik an. Und damit unsere Vorstellung von Subjektivität.

Das alte Ideal vom Individuum, wie es unsere Kultur zutiefst geprägt hat und wie es in den Achtzigern zu letzter Blüte kam, geht von völlig eindimensionalen Prämissen aus. Das Individuum hat eine Weltanschauung, eine Intention, eine Moral, eine klar definierbare psychische, körperliche und soziale Welt mit festen Grenzen, die seine Handlungen erklärt. Wer aber Simulation gewohnt ist, wird seltsam konturenlos. Klassenschranken, Herkunftsschranken werden weitgehend aufgelöst, ebenso wie Weltanschauungen, die für frühere Generationen noch so enorm wichtig waren. Man weiß, daß man „die Dinge auch anders sehen kann" – deshalb legt man sich auch nicht mehr so einfach fest. Erfahrungen lösen sich von den alten Bedingungen, von den biographischen und biologischen Beschränkungen. Die Welt gerät ins Fließen. Man „taucht unter in den Strukturen der Welt". Und man neigt dazu, auch über chemische Substanzen den Weg der **Selbsterzeugung** zu gehen.

Genau hier liegen die wahren Gründe für das manchmal geradezu atemlose Nichtverstehen der Generationen untereinander. Während die Älteren voll und ganz mit Trauerarbeit darüber beschäftigt sind, daß Kategorien wie „Moral" oder „eine grundlegende Welthaltung" oder „Kritikfähigkeit" oder „Charakterfestigkeit" bei der jüngeren Generation im Schwinden begriffen sind, sind nicht unwesentliche Teile dieser jüngeren Generation längst jenseits dieser Logik angelangt. Es ist eine Logik, die letzten Endes aus dem Medium Buch entstammt und viel mit jener Wissensvermittlung zu tun hat, die man gemeinhin Bildung nennt. Ein Buch ist ein linearer Code von A bis Z. Bildung ist ein Gut, das man sich durch Fleiß, Disziplin und Entsagung erwerben muß. In der Welt der interaktiven

Selbsterzeugung

Basiert auf einer Philosophie, nach der wir unsere Stimmung und unsere Psyche unbeschränkt kontrollieren können. So wird etwa Prozac, die neue Antidepressivapille aus den USA, eine neue Debatte darüber eröffnen, ob wir nicht das Recht auf jederzeitiges chemisches Glück haben. Und Nutraceuticals – Nahrungsmittel mit medizinischen Funktionen – werden im nächsten Jahrtausend eine Ära der permanenten Selbstmedikation einläuten.

Medien, der simulativen Logik jedoch verschwimmen diese Konturen. Wissensvermittlung läuft nicht mehr von A nach Z, sie ist fragmentierter, aber auch vernetzter, beliebiger, aber auch verfügbarer.

Das Verschwinden des klassischen Bildes vom Individuum im virtuellen Raum ist sicher kein Prozeß, der morgen abgeschlossen sein wird. Er ist eine Evolution, die uns die nächsten hundert, vielleicht tausend Jahre begleiten wird, ein Prozeß, der im Grunde so alt ist wie unsere Kultur. Steinzeitmenschen zum Beispiel lebten in einer hochartifiziellen Zeichenwelt der Symbole, in einer, wenn man so will, „Virtualität des Jagens und Sammelns". Jede Religion ist auf ihre Weise ein virtuelles Zeichensystem, jeder Nationalismus ist, vom virtuellen Standpunkt aus betrachtet, nichts anderes als ein in sich geschlossenes Illusionssystem.

Wir sehen also in den Endneunzigern die Formulierung einer virtualistischen Lebensphilosophie voraus. Ihre Avantgarden, geprägt von VR-Propheten wie Gibson, Lanier oder Rheingold, haben ihre Aufgabe bereits erledigt. In Medien wie Mondo 2000, in der Vehemenz, mit der sich die Jugendlichen heute auf alle elektronischen Medien stürzen und in der die Jugendbewegungen alten Typs zerfallen, sehen wir das Aufkommen einer virtualisierten Kultur. In der seelischen und mentalen Potenz, mit der Virtualisierung umzugehen, begreifen wir den Alphabetisierungsprozeß des 21. Jahrhunderts.

Die Jugend des Jahres 2010: weiche, schlabberige, übersensible, autistische Wesen, die in ihrem ewigen

Kinderzimmer in einem Meer aus Licht und Sound dahintreiben? Ab und zu kommt Mickymaus vorbeigeschwommen, alte Bekannte wie Batman und Dracula fallen ein und hinterlassen virtuelle Blutspuren oder einfach nur Adrenalinschübe, den Schulstoff erledigt man via farbige, dreidimensionale Puzzle und virtuelle Lehrer? Kann sein.

Wir sollten aber nicht vergessen, daß jede Kultur, der „die Bilder davonlaufen", in ihrem Innern neue, verbindliche Bilder erzeugt, die dann als „Realität" definiert werden. Die Virtualisierung zeigt auch einen massiven Gegentrend: die Sehnsucht nach Echtem, Wahrhaftigem, Reellem. Nach Wirklichkeit. Doch das ist ein anderes Kapitel.

VOYEURISMUS

Warum die Devise heute nicht mehr „machen“, sondern „beobachten“ heisst und warum darin trotz allem eine gewisse Klugheit liegen kann.

Dieser Trend hat sehr viel mit der Virtualisierung unserer Wahrnehmung zu tun, er ist aber anders gelagert. Anders als „Mein kleines Universum“ handelt er nicht von der Erzeugung einer artifiziellen Welt, sondern von der Veränderung unseres Zugangs zu sinnlichen Erfahrungen.

Um es grob, aber keineswegs fahrlässig zu vereinfachen: Es war einmal eine Zeit, in der man alle Abenteuer selbst erleben wollte. Als Kind liebte man es, auf Bäume zu klettern, sich die Knie wund zu schürfen und Fröschen Beine auszureißen. Als Jugendlicher legte man sich mit der Polizei und den Eltern an. Als erwachsener Mensch mußte man die halbe Welt bereisen, mindestens zehn leidenschaftliche Affären und zwei Ehen erlebt haben, um sich lebenssatt fühlen zu können.

Vieles deutet darauf hin, daß sich diese „Ästhetisierung der Unmittelbarkeit“, diese Orientierung der Biographien an Lebensintensität, abflacht. In unserer Gesellschaft wächst das Potential an Wissen – auch über Konsequenzen und Gefahren –, während gleichzeitig die reale Erfahrung abnimmt. Die Sensationen, die das Leben schreibt, werden immer weniger am eigenen Leibe erlebt. Die Risiken, die abrupte biographische Veränderungen hervorrufen, können wir uns nicht mehr leisten. Scheidung? Trennung? Tun zu weh. Wir sehen ja bei den Älteren, wohin das führt. Fortgehen von zu Hause? Anfangen in einer neuen Stadt? Besser nicht.

Aber verpassen wollen wir irgendwie auch nichts.

DIE GROSSE PEEP-SHOW

Voyeurismus bedeutet: Erfahrung aus zweiter Hand. Voyeurismus heißt: Distanz zum Lustobjekt, das daraufhin nur um so begehrenswerter wird. Am deutlichsten ist der Voyeurismustrend natürlich auf dem weiten Feld der Sexualität wahrzunehmen. Aids hat nicht nur sexuelle Gewohnheiten, sondern auch Phantasien und Konnotationen der Sexualität verändert. Aids hat Sex gefährlicher, schmutziger, damit aber auch „heißer" gemacht. Aids hat eine **Fetischisierung** des Sex eingeleitet.

Der Siegeszug des Leder- und Gummifetischismus seit Beginn dieses Jahrzehnts – die Ästhetik des Präservativs wurde gewissermaßen in die sexuelle Phantasie integriert. Auch der Domina- und der SM-Boom wurden durch Aids gefördert – bei beiden Praktiken kommt es meist nicht zum (gefährlichen) Verkehr, Erregung und Stimulierung werden gerade durch die Unerreichbarkeit des Lustobjektes erzeugt. Über Telefonsex gab es im Jahre 1992 gleich eine ganze Serie von Büchern (*Vox*, „Der Spatz in der Hand") und Filmen.

Fetischisierung

In den Großstädten gibt es einen Boom an „Themen-Fetisch-Partys". Unter Motti wie „Les fleurs du mal" oder „Starkes Leder" darf jeder seinen höchstpersönlichen Fetischismus präsentieren.

Die voyeuristische Aufladung der Bildoberflächen ist nicht zu übersehen. Obwohl in Sachen Sex ein gewaltiger Überdruß in der öffentlichen Meinung herrscht – viele Umfragen deuten darauf hin, daß sich die Mehrheit durch die neuerliche Sexwelle eher gestört fühlt, die neuen moralistischen Debatten über zuviel Sex und zuviel Gewalt im Fernsehen sprechen eine deutliche Sprache –, scheint die Sexualisierung unserer Umwelt unaufhaltsam. In fast jedem neuen Hollywoodfilm wird heute klarer, deutlicher Sex gezeigt – immer höher, immer weiter, immer schärfer. In nahezu allen europäischen Ländern existieren Porno-Fernsehkanäle oder stehen kurz vor der Einführung. Es scheint, als ob die „Pornographisierung" parallel zur Krise der traditionellen Prostitution stattfindet und parallel zum Niedergang des partnerschaftlichen und ehelichen Sex, wie ihn manche Sexualforscher, etwa Ernest Bornemann, diagnostizieren.

Das Betrachten des nackten Körpers hat, nach einer kurzen Phase des Überdrusses in den späten Achtzigern, als die Pornoproduktion stockte, eine Unzahl neuer Varianten hervorgebracht. So tauchte der nackte Mann zu Beginn der Neunziger immer häufiger in der Werbung auf. Heute ist das männliche Pin-up allgegenwärtig. Zeitschriften, die kulturelle Avantgardefunktionen innehaben, sind inzwischen von juvenilen, knackigen, jungen Männern in allen aufreizenden Posen dominiert (ein Nebeneffekt ist, daß diese Medien, traditionell eher heterosexuell geprägt, nun auch von Homosexuellen gekauft werden). Das männliche „Ausziehen!" erschallt nun auch landauf, landab in Erotik-Shows, in denen sich kalifornische Boys für Frauen entkleiden. Diese neue, erotische Bildermacht von Frauen verunsichert Männer, die nun plötzlich denselben Schönheitszwängen unterliegen wie ehedem die Frauen: Voyeurismus im Zeichen der Emanzipation.

DAS MADONNA-PHÄNOMEN

Im Jahre 1992 erreichte der erotische Voyeurismus einen vorläufigen Höhepunkt mit Madonnas „Sex"-Album. Madonna ist zu so etwas wie einer Ikone des künstlichen Sex geworden, sie liefert einen planetaren Common sense des voyeuristischen Zeitalters. Schaut man sich die optische Sprache ihrer Inszenierungen genauer an, entdeckt man stets die gleichen Chiffren des „So tun, als ob". Jedes Bild erhält wie in konzentrierter Form eine kleine pornographische Geschichte, die im wesentlichen vom Betrachter auszufüllen ist.

Nun ist diese Kunst der Andeutung nichts wirklich Neues – sie ist erotische Kunst in Reinkultur. Interessant ist nur die enorme Professionalisierung dieses Phänomens. Madonna ist vollkommen leer, das heißt, ihre Inszenierung entsteht entlang der Kraftlinien kollektiver Phantasien, nicht entlang einer irgendwie geratenen künstlerischen Identität (das teilt sie mit den großen, tragischen Frauengestalten wie Marilyn Monroe, deren Alter ego sie zu sein scheint). Sie ist die perfekte Opportunistin, eine vollkommene Projektionsleinwand. Sie liefert sich voll und ganz dem voyeuristischen Blick aus, und damit ist sie eine der ersten

„Die neuen männlichen Stars wirken eher wie Bankräuber, nicht mehr wie Banker. Sie haben Bärte und Muckis, als hätten sie auf einer Baustelle gearbeitet." (Der *stern* über die neuen männlichen Models.)

wirklich großen „postmodernen“ Künstlerinnen. Die große Frage, die sie an das Publikum stellt, lautet: Existiere ich wirklich? Oder bin ich nur eine Phantasiegestalt in euren Hirnen?

Das Publikum liebt diese Fragen, vor allem wenn sie sich nie ganz beantworten lassen. Der Zuschauer, der Voyeur, kontrolliert mit seinen Blicken scheinbar das Geschehen. Er erringt in einem mentalen Akt die Kontrolle über das Geschehen zurück. Wenden wir uns, um diesen Aspekt zu vertiefen, vorerst einigen „außersexuellen“ Phänomenen des Voyeurismus zu.

VOYEURISTISCHE NACHBARSCHAFT

Im Fernsehen werden Familienserien immer beliebter. Der Kultcharakter von Dauerserien wie der „Lindenstraße“ oder der „Zweiten Heimat“ künden von einer passionierten kollektiven Leidenschaft für das Glück und Unglück der kleinen Leute. Je vertrauter einem diese Menschen erscheinen, desto besser. Sie sind wie Nachbarn, an deren schwerem Schicksal man sehen kann, wie leicht man es selbst noch getroffen hat. Die Familienserie funktioniert wie eine Art „Kontrollidentität“: Der fixende Sohn von nebenan, das Scheidungsdrama, die Pleite mit dem Haus, die **Versagensangst,** das Unglück mit dem schwulen Freund sind nah und fern zugleich. Nachbarschaft wird „voyeurisiert“ und damit in ihrer unangenehmen, verpflichtenden Konsequenz entschärft. Gleichzeitig setzt ein Prozeß der „Biographisierung“ ein: Man lernt, daß das eigene kleine Leben wichtig und groß ist, daß es

Versagensangst

Typisches Beispiel ist die kultmäßige Rezeption der Bundys (aus der Fernsehserie „Eine schrecklich nette Familie“). Dargestellt wird eine vollkommen vertrottelte Familie, in der jeder gegen jeden kämpft – die modernen Underdogs. Der Zuschauer weiß vor allem eines: daß er so nun auch wieder nicht ist.

eine historische und dramatische Dimension besitzt. Das Medium spiegelt einem die Kamera wider, die man im Geiste auf sich selbst richtet. Die Konsequenz wäre die Verfilmung des eigenen Schicksals, die „tägliche 24-Stunden-Serie". Zum Schluß sitzen alle Bewohner eines Hauses in Einzimmerwohnungen, niemand kennt auch nur den Namen des Nachbarn – der Alltag, das Leiden und Streben und Scheiden und Glücklichsein, läuft nur noch in der Spiegelung des Fernsehens.

VOYEURISTISCHES UNGLÜCK

Anfang der Achtziger boomte plötzlich ein merkwürdiges Phänomen auf deutschen Autobahnen: Bei Massenkarambolagen mit Schwerverletzten und Toten bildeten sich regelmäßig ganze Rudel von Beobachtern, die, teilweise mit Feldstechern bewaffnet und sich über Feldwege anpirschend, verbrannte Wracks und Amputationen bei eingeklemmten Unglücksopfern beobachteten.

Heute feiert der **Unfallvoyeurismus** auch im Fernsehen fröhliche Feste: Reality TV. Eine Brücke stürzt ein, ein Pferd versinkt im Schlamm, Menschen werden bei Autounfällen aufgespießt – das Unglück, nah vor Augen gehalten, erinnert den Zuschauer daran, daß er noch einmal davongekommen ist, daß er daheim im Warmen sitzt. Ein Vergewaltiger, mit schattigem Gesicht, bekennt im Fernsehen seine perverse Lust. Ein Fremdenlegionär schildert seine Morde. Das kleine Wörtchen „Betroffenheit", in den Siebzigern als Chiffre für moralische und moralisierende Emotion ent-

Unfall-voyeurismus

In Super Channel wurde monatelang aufwendige Werbung für ein Video mit simplen Motorrad- und Autounfall-Zusammenschnitten gezeigt.

deckt, enthüllt heute seinen voyeuristischen Kern. Als besonders heikles, aber auch deutliches Beispiel kann hier die langanhaltende Debatte über den sexuellen Mißbrauch von Kindern gelten. Dieses Thema wuchs sich in den letzten Jahren zu einem echten Trend aus. Die Dunkelziffern wucherten in bizarre Dimensionen. Im Fernsehen traten „Experten" auf, die in jeder zweiten bundesdeutschen Familie Kindesmißbrauch diagnostizierten. Fälle wurden ans Tageslicht gezerrt, Programme entwickelt, die Gesellschaft schuldig gesprochen, daß es – man kann es nicht anders ausdrücken – eine Lust war.

Hier vermischen sich mehrere Dimensionen. Eine von ihnen möchte ich **kritische Hysterie** nennen. Ein Verbrechen dient als Symbol für die Schlechtigkeit der Welt. Das Böse wird überhöht, weil es wunderbar ins Weltbild paßt – wer tief in der Seele überzeugt ist, daß alle Männer Schweine sind, wird sich eine dazu passende Realität schon konstruieren. Das wäre an sich nicht weiter schlimm (warum sollte man nicht ein wenig übertreiben, wenn es um die Verhinderung von Verbrechen geht?), aber die Hysterie zieht ihre Kreise. Man findet ihre Auswirkungen plötzlich in Gerichtssälen wieder, wo Scheidungsdramen nun knallhart mit dem Vorwurf des Kindesmißbrauchs ausgetragen werden – die Zweifel, ob es sich dabei um Tatsachen handelt, wachsen. Man sieht ihre Spuren in einer öffentlichen Mentalität, die das, was sie moralisch anprangert, gleichzeitig als Ereignis genießt. Eine seltsame schizoide Geilheit bemächtigt sich des Themas. Die Gesellschaft

kritische Hysterie
Übertreibung eines negativen sozialen Phänomens. Führt über kurz oder lang zur „Voyeurisierung" - und dazu, daß niemand mehr das Phänomen ernst nimmt.

verhält sich, sinnbildlich gesprochen, wie die alten Böcke, die sich polternd gegen den Zerfall der Sitten empören, aber natürlich ganz genau wissen wollen, wo der Onkel denn das kleine Mädchen berührt hat.

DER VOYEURISTISCHE MEDIENHUNGER

Für die Art und Weise, wie in der Medienwelt heute mit persönlichen Dramen umgegangen wird, hier einige schlagende Beispiele:

Noch während der Belagerung der fundamentalistischen Sekte in Waco durch die Polizei baut eine kleine Armee von Arbeitern ein perfektes Ebenbild des Sektengebäudekomplexes auf einer Farm in Oklahoma, gedacht als Kulisse für den Film „The Line of Duty: Assault on Waco". Die Mutter des Sektenführers David Koresh verkauft Filmrechte für die Geschichte ihres Sohnes für 75 000 Dollar.

Nahezu alle prominenten Beteiligten an der Mißhandlung des Rodney King, die zu den Unruhen in Los Angeles und einem weltweit beachteten Prozeß führte, haben hochdotierte Verträge für Filmrechte abgeschlossen. Darunter das Opfer selbst, der verurteilte Polizeioffizier Stacey Koon und der Expolizeipräsident Darryl Gates.

Am Tage des Bombenanschlags auf das World Trade Center gingen beim FBI 19 Telefonate ein, die sich für das Attentat verantwortlich erklärten. Zum gleichen Zeitpunkt gab es 15 Telefonate mit der CBS-Filmabteilung – von Produzenten, die die Rechte an der Verfilmung erwerben wollten. Innerhalb kurzer Zeit

„Wen die Flut der Bilder nicht zum Terroristen macht, den macht sie zum Voyeur." (Hans Magnus Enzensberger)

wurden zwölf Verträge mit verschiedenen Betroffenen – unter anderem einer Lehrerin, die in einem der Hochhäuser gefangen war – geschlossen. Dotierungen: um die 80 000 Dollar.

Nachdem im Februar 1993 in Liverpool der vierjährige Jamie Bulger von zwei Halbwüchsigen ermordet worden war, schickten amerikanische Produzenten sofort Agenten nach England, um von der Familie die kompletten Rechte für die Story zu kaufen. Ein 2½-Stunden-Dokudrama war geplant. Titel: „The Liverpool Murder Story".

VOYEURISTISCHER NEID

Eine weitere Variante des voyeuristischen Trends besteht im Herunterziehen des betrachteten Objektes. Auch dieses Phänomen ist im Grunde alt, es beschleunigt sich aber mit einer Medienstruktur, die diesen Effekt bewußt einsetzt. Hier funktioniert Voyeurismus auf seiner pursten Stufe: als Gaffen, als Klatsch. Am besten kann man diesen Effekt am Beispiel der englischen Königsfamilie studieren. Obwohl die Deutschen ja nun wahrhaftig über genügend eigene Skandalprominente verfügen, interessiert man sich hierzulande erstaunlich intensiv für die Seitensprünge des Prinzen Charles und die Frivolitäten einer Fergie. Und das keineswegs nur in Kreisen, die von vornherein der Regenbogenpresse zuneigen. Voyeurismus funktioniert in diesem Paparazzitum als der große Gleichmacher: Seht her, diese königlichen Hoheiten sind auch nicht anders als wir. Im Gegenteil: Es geht ihnen schlechter als unsereinem. So straft die Öffentlichkeit – auch Woody Allen ist ein Beispiel – den einzelnen, den Star, für seine Andersartigkeit mit erstickender Umarmung.

DAS VOYEURISTISCHE PARADOX

Voyeurismus lebt immer aus dem Widerspruch zwischen Nähe und Distanz. Er ist ein typischer „Sekundärtrend", aber als solcher ist er mächtiger als manche „Orginaltrends". Nehmen wir zum Beispiel die Sehnsucht nach der aufregenden, angstmachenden, der echten Erfahrung, die den Komplementärtrend zum Voyeurismus ausmacht. **Thrilling** heißt dieser neue Mut zum Risiko. „Immer mehr junge Leute", so lesen wir es in den Schlagzeilen, „stürzen sich an Gummibändern von Brücken herunter, rasen in Schlauchbooten über gefährliche Wildwasserfälle, erklimmen Hochhäuser mit bloßen Fingern oder ‚surfen' auf fahrenden S-Bahn-Waggons." Immer mehr? Eines steht fest: Immer mehr Menschen gucken begeistert zu, wie junge Leute solche Risikosportarten praktizieren.

Ist Voyeurismus etwas Schlechtes? Oder womöglich nur ein Weg, die Sensationen unserer modernen Welt zu entschärfen? Die Dosis, das wissen wir von „echten" Voyeuren, muß immer weiter erhöht werden. Aber der Voyeur ist zugleich harmlos. Er sieht, aber er handelt nicht. Seine List ist eine doppelte: Er holt sich ein wenig Verfügungsgewalt zurück in einer Welt, die ihn mit Reizen überflutet. Er nimmt teil, ohne teilzunehmen, er läßt nichts anbrennen, verbrennt sich aber nicht die Finger. Warum sollen nur andere, Schönere, Reichere,

Thrilling

Extremsportarten wie Bungee-Springen, Rafting bis hin zum S-Bahn-Surfen. Im Vordergrund steht der Thrill – der Adrenalinstoß.

Mutigere ihr Vergnügen haben? Der Voyeur bleibt im Schatten, aber auch Kontrolleur seiner Wünsche. Er tut niemandem weh. Er begegnet der Welt hinter einer halbtransparenten Welt in der Distanz der Telefonschnur und trotzt so den unendlich vielen Verführungen, Leidenschaften, Talfahrten, die die hedonistische Gesellschaft anbietet. Kein Wunder, daß ihm die Zukunft gehört.

Aber dennoch: Es liegt immer etwas Trauriges, Melancholisches im Voyeuristischen. Es entspringt aus der Erkenntnis, daß alle wesentlichen Erfahrungen schon von anderen gemacht worden sind, daß Lust und Schmerz längst bis an ihre Grenzen getrieben wurden, daß dahinter eben nicht ein verheißungsvolles Neues liegt, sondern dieselbe alte Enttäuschung. Der Voyeur ist der Verführte, der an die Verführungen nicht mehr glaubt. Als solcher ist er, um es mit einem aussterbenden Attribut zu bezeichnen, äußerst modern.

POLYKULTURELLE GESELLSCHAFT

Warum die Parole von der „multikulturellen Gesellschaft“ überholt ist wie unsere soziale Welt in Clans, Stämme, Ghettos und „Zeitzonen“ zerfällt und wie Wirtschaft und Kultur sich darauf einstellen können.

Wir alle kennen das schöne Wort von der „multikulturellen Gesellschaft“. Umkreisen wir es noch einmal ein wenig, bevor wir es zu den Akten legen: Geboren wurde es in den späten siebziger Jahren in den Großstadtszenen von (besonders) Berlin und Frankfurt. Der Begriff hat seine Wurzeln in einer Romantisierung gemütlicher, leicht slumhafter, studentisch geprägter Stadtteilnachbarschaften: Gemeinsam mit Luigi, Özal und Costas lebte man im selben Straßenzug, feierte Straßenfeste mit Rotwein und Gesang und wehrte sich gegen Spekulanten und Yuppies. Kiez-Romantik.

Heute fällt an solchen Gedankengängen vor allem der sehnsüchtige Hang zur Gemütlichkeit ins Auge. Mit der Realität hat das Ganze wenig zu tun. In ihrem Kern war die Rede von der „Multikulti“-Gesellschaft stets von einer Gleichheitsphantasie geprägt: Zwischen uns und dem Fremden, suggerierte sie, besteht im Grunde keine Differenz. Das zeugte Illusionen und Enttäuschungen. Iranische Tschador-Schülerinnen, die nicht zum Turnunterricht gehen wollten, kamen darin nicht vor, ebensowenig wie chinesische oder jugoslawische Mafias. Der Rassismus der Minderheiten untereinander blieb unberücksichtigt, ebenso die Tatsache, daß Türkenväter, ihre Frauen unterdrücken, oder Sinti und Roma eben nicht nur schöne Zigeunermusik machen.

Und doch: Multikultur ist ein erstaunlich starker Begriff, der tief im Unterbewußtsein der Massengesellschaft verankert ist. Er lebt von einer eigenständigen Bilderwelt, aus der er seine eigentliche Kraft bezieht. Die Aufnahmen von schwarzen und weißen Babys, von lustigen, vielfarbigen „planetaren Jugendlichen" oder die Come-together-Kampagnen begegnen uns überall. Das Thema ist von der Werbung aufgegriffen worden. Nicht die gesellschaftliche Basis schien den großen Mix der Rassen und Mentalitäten zu befürworten, sondern Konzerne wie Reemtsma oder Benetton – ein erstes Beispiel für das, was wir hier Industriezivilisation nennen wollen. Die Industrie schafft, aus welchen Motiven auch immer, nicht nur materielle, sondern auch ideelle Werte. Sie fühlt sich verantwortlich für die „gesellschaftliche Landschaftspflege".

„Der inflationäre Gebrauch des Kulturbegriffes deutet letzten Endes auf das Verschwinden von Kultur im traditionellen Sinne. Kultur kann nur noch als Nebeneinander von Partialkulturen erlebt werden. Man spricht von Eßkultur, Diskussionskultur, Beziehungskultur etc." ***Sensor Berlin***

GESELLSCHAFT DER VIELEN GHETTOS

Wir setzen dennoch den Begriff „polykulturell" anstelle des „multikulturellen", um damit auszudrücken, daß die städtische Gesellschaft der Jahrtausendwende eine fragmentarische Weltkultur (siehe Katzenjammer-Trend) sein wird, in der viele verschiedene Weltanschauungen eher nebeneinander als miteinander leben. In allen großen Städten der Erde läßt sich diese Tendenz der vielen Ghettos heute schon ausmachen. So ist Los Angeles, eine Vielvölkerstadt aus chinesischen, koreanischen, schwarzen, latinischen und weißen Großstädten, ein Flickenteppich der Ethnien, beileibe kein harmonisches Ensemble.

Wird es also in Berlin, München und Frankfurt auch bald Polentown und **Chinatown** geben? Sehr weit sind wir davon nicht entfernt. (In Berlin existieren übrigens auch noch ganz andere Ghettos: ein oberfränkisches, ein bayerisches, eines aus dem Ruhrgebiet...) Es ist auch die Frage, ob Polykultur nur negative Folgen zeitigt. Natürlich neigt das Ghetto zur Abkapselung und, in Krisensituationen, auch zur Gewalt. Aber es stabilisiert auch. Wer von weit herkommt, wer vielleicht auf der Flucht ist, der kann sich glücklich schätzen, bereits ein Viertel vorzufinden, in dem man seine Sprache spricht, in dem man ihm beim Überleben hilft – eine Heimat in der Fremde.

Der Melting pot, das muntere Haus-an-Haus-Idyll, ist also nicht nur eine Illusion. Ist denn die Auflösung aller ethnischen und kulturellen Differenz überhaupt erstrebenswert? Wir suchen im Fremden ja immer auch das andere, das, was uns möglicherweise fehlt. Die Assimilation aber radiert das Fremde aus, nivelliert den kulturellen Reichtum. Weder die Linke mit ihrer Harmonievision noch die Rechten mit ihren xenophobischen Ambitionen haben dafür bislang eine Sprache gefunden. Die städtische Weltkultur, auf die wir unweigerlich zumarschieren, mag hart sein, sie findet

Chinatown

ist am Ende der Neuzeit „das, was im 12. Jahrhundert die Ghettos, gewesen sind? Aber Chinatown ist auch das Gegenteil des Ghettos, der Prototyp des Urban village... Es entsteht durch Zufall: Ein Fremder bezieht eine freie Wohnung, die Familie zieht nach, dann das ganze Heimatdorf...
Die Abgrenzung kommt in erster Linie von innen, aus Gründen der Selbstbehauptung.“
Sensor Berlin

aber auch immer wieder Wege, sich auszuregulieren. Eine innerstädtische Arbeitsteilung entsteht über kurz oder lang in allen polykulturellen Städten. Auch wenn es zunächst rassistisch klingt, Indianer können sehr gut auf hohen Baustellen balancieren, Polen sind hervorragende Renovateure, Irani verstehen sich im Handel ebenso wie die Menschen jüdischen Glaubens. Schon haben sich die Vietnamesen in Ostdeutschland den Schwarzmarkt im Zigarettenhandel gesichert – selbst wenn nicht alle Ghettoaktivitäten legal sind, sie wirken dennoch als Notbremse gegen den Fall ins Elend. Eine solche innerkulturelle Arbeitsteilung sichert den Menschen auch einen Platz zu. Sie mag Klischeegefahren bergen, aber dies ist eher zweitrangig. Polykulturelles Bewußtsein kann die Unterschiede aushalten und sie in eine Politik der Differenz umformen.

„Das Verrückte ist: Gemeinsames Moment, verbindender Wert all dieser vielen Monokulturen wird der Konsum sein.“
Sensor Berlin

Wir müssen uns, bevor wir das Polykulturelle weiter ausleuchten, noch über einige Grundvoraussetzungen verständigen. Wir glauben, daß die westlichen Länder auf mittlere Sicht den Krieg gegen die Armutsimmigration verlieren müssen. Welche Gesetze und Grenzsicherungsanlagen sie auch als Bollwerk gegen die Elenden der Zweiten und Dritten Welt erfinden – die Völkerwanderungen, die sich Anfang der Neunziger ankündigten, werden in den nächsten Jahrzehnten zu einem breiten Strom anwachsen und unsere soziale Welt radikal verändern. Deshalb ist die polykulturelle Gesellschaft nicht nur ein koketter Begriff, sondern eine Zwangsläufigkeit. Wenden wir uns zunächst einigen ihrer Aspekte zu.

Spaltung zwischen Stadt und Land. Immer noch stimmt die Parole: Stadtluft macht frei. Das Klima in den urbanen Arealen ist toleranter, zumindest bisher noch. Die Ballungsgebiete werden immer mehr polykulturalisiert, und das flache Land betrachtet diese Entwicklung mit zunehmendem Mißtrauen. Das wird besonders in Deutschland zu einer harschen kulturellen Spaltung zwischen Stadt und Land führen – die Städte sind bereits Stützpunkte der Weltkultur, während die ländlichen und kleinstädtischen Regionen eher wieder verdeutschen und sich von den großräumigen Entwicklungen abkoppeln.

Ost-West-Spaltung. Die Rede von den zwei Kulturen, die sich einst auf die etablierte und die Alternativkultur bezog, trifft heute auf den östlichen und den westlichen Teil Deutschlands zu. Die projektive Angst der Ostdeutschen vor allem, was irgendwie fremd ist, wird diesen Teil Deutschlands noch auf mittlere Sicht zu einem exotischen Land machen, in dem **Monokultur** herrscht.

Der Verlust der Mitte. Da Deutschland offenbar nicht willens und in der Lage ist, sich der neuen geopolitischen Situation zu stellen und beispielsweise ein Einwanderergesetz einzuführen, wird die illegale Einwanderung besonders harte sozialpolitische Effekte haben. Illegale Immigranten befinden sich in einem Überlebenskampf, bei dem sie nur ihre Arbeitskraft einsetzen können. Sie treten als billige Konkurrenz auf dem Arbeitsmarkt auf und bringen auf diese Weise ein Stück Dritte Welt in die Erste. Das empfindliche Gefüge

Monokultur

Im Ostteil der Republik leben Mitte der Neunziger rund ein Prozent Ausländer, im Westen sind es knapp acht Prozent, in den Großstädten zwischen fünfzehn und sechsundzwanzig Prozent.

„Man lebt nebeneinander, nicht miteinander. Deutsche und Türken sehen sich auf der Straße, treffen sich aber allenfalls in der Begegnungsstelle, wo Sozialarbeiter animieren und moderieren... Ghetto, so lautet das neue Identifikationsmuster türkischer Jugendlicher in Kreuzberg, entliehen aus amerikanischen Filmen, Moden und Musik. Sie tanzen Rap, imitieren die Bewegungen schwarzer Amerikaner und setzen ihre Takes an Wände und in U-Bahnen."
Die Zeit

der Mittelstandsgesellschaft wird von unten her ökonomisch attackiert.

Interner Polykulturalismus. Polykulturalität entsteht nicht nur durch Einflüsse von außen. Die Geschichte der Bundesrepublik ist geprägt vom Wandel von einer Monokultur in den fünfziger Jahren zu einer weitaus vielfältigeren Kultur in den Achtzigern. Existierte in der Frühphase des Wirschaftswunders noch eine einigermaßen kohärente Welt aus Moral-, Sinn- und Verhaltenskodizes, so löste sich dieser Einheitslebensstil im Laufe der Modernisierungsschübe allmählich in die verschiedenen Lebenswelten auf. Heute scheint sich eher so etwas wie ein amorpher Individualismus durchgesetzt zu haben. Drastisch ausgedrückt: Jeder hält sich für völlig anders als die anderen, aber im Grunde machen alle das gleiche.

Konzentrieren wir uns im folgenden auf einige neuere Phänomene der sozialen Suborganisation in den Großstädten.

DIE OFFENE CLIQUE

Die Frankfurter Stadtzeitung *Frankfurter Journal* veranstaltete im Jahre 1992 eine Party. Die Gäste konnten sich mit Hilfe einer Nummer am Revers als Inserent einer vorher im Heft veröffentlichten Kontaktkleinanzeige ausgeben. Der Erfolg war fulminant. Bald trafen sich unter dem Motto „Fisch sucht Fahrrad" über tausend Leute auf diesen Veranstaltungen, die Karten waren wochenlang vorher ausverkauft, vor den Partysälen bildeten sich lange Schlangen, und schließlich wuchs der Inseratenteil im *Journal* auf über zwölf Seiten enggedruckter Kontaktanzeigen.

Diese Partys sagen viel über die städtischen Sozialbeziehungen aus. Der Singleisierung folgt ein großes Bedürfnis nach Kontakt, aber dieses Bedürfnis nach Kommunikation hat keinen Ort und kein Medium mehr. Partnerschaftsvermittlungen oder Tanzstunden gelten als steif und formal.

Der moderne Single möchte eigentlich beides: anonym bleiben und erkannt werden, soziale Verbindlichkeit und Unverbindlichkeit.

Der moderne Stadtbewohner versucht, seine Intimbeziehungen in einer Art Halbschatten zu organisieren, der ihm die Möglichkeit zum jederzeitigen Rückzug läßt. Er schließt sich variablen Cliquen an. Die Clique durchläuft ein Prinzip verordneter Subkultur. Sie transformiert sich ständig: als Reiseclique, Kulturclique, Leseclique, Drogenclique und so fort. Sie sondert in der Kultur der Großstädte familiäre Derivate ab, aber sie wird nie wirklich zur Familie.

SALOONING

Vor einigen Jahren meldeten einige deutsche Stadtzeitungen die Rückkehr einer Institution, die eigentlich aus dem 18. und 19. Jahrhundert stammt: die des politischen Salons. In den schnell wachsenden Großstädten der frühen Industrialisierung dienten solche Zusammenkünfte, überwiegend von Frauen initiiert, einer liberalen Freidenkerei; ihre Intention war es, Menschen unterschiedlicher Weltanschauung zusammenzubrigen.

Was früher die Unterschiede an Stand und Weltanschauung waren, ist heute durch die Atomisierung der Individuen wiedergekehrt: Man ist sich in den Großstädten fremd geworden und findet es wieder faszinierend, mal ganz andere Leute zu treffen. Die amerikanische Zeitschrift *Utne Reader* hat dem Salonphänomen bereits eine großangelegte Werbekampagne gewidmet. „Find Your Neighbour" heißt die Devise, und das Blatt gibt Themenlisten, Saloon-Karten, aus. Mehr als tausend Nachbarschaftssalons sollen sich auf diese Weise schon gebildet haben, und immer mehr von ihnen übernehmen soziale Funktionen. Sie betreuen beispielsweise eine sozial minderbemittelte Familie, übernehmen Patenschaften in der Dritten Welt oder organisieren ein Umweltprojekt mit Kindern.

Salooning paßt hervorragend in eine Zeit, in der der Ruf nach dem Positiven und nach dem endlich Handeln wieder lauter wird. Social Sponsoring bekommt damit eine neue Komponente: nicht Geld geben für was Gutes, sondern eine Infrastruktur ermöglichen und unterstützen für Leute, die Gutes im Sinn führen.

„CLANNING" - DIE NEUEN STÄMME

Schließlich werden auch die Subkulturen ihre gegenwärtige Konditionsschwäche überwinden. Die sozialen Krisen schärfen ihre Konturen, die nahende Jahrtausendwende sorgt für zusätzliche Pathosschübe. Dekadenz und Schuld sind die Themen der nächsten Jahre, ebenso eine Wiederkehr des alternativen Lebensstils.

Eine typisch harte Subkultur mit Zukunftsaussichten findet man in den Modern Primitives, die besonders in den amerikanischen Großstädten derzeit einen Boom erleben. Es geht um Schmerz und Zeichnung. Vorbilder sind die Protagonisten archaischer Kulturen, in denen Rituale und Reinigungsrituale zur Läuterung des Bewußtseins eingesetzt wurden – Schamanen, Medizinmänner, Fakire. Man durchsticht sich den Mund, die Nase, die Brustwarzen, die Geschlechtsteile, man tätowiert sich und feiert bacchantische, „schwarze" Feste.

Auf der anderen Seite des Zeichenuniversums, im breiten Strom des Hippie-Comebacks, sind die Gefühle eher von Generation-X-Haltungen geprägt. Da ziehen fünf Gymnasiasten, eine Freundesclique, die in ihrer Heimatstadt partout keine Wohnung findet, in Wohnwagen auf eine Wiese, nennen sich **Survivors** und entwickeln ihre höchst eigene Philosophie aus Konsumverweigerung, Astrologie und Hundezucht. Da reisen die Travellers in England jedes Jahr mit mehr Planwagen durch Südengland, und beim großen Regenbogentreffen in Amerika feiern jedes Jahr ein paar tausend mehr Jung- und Althippies den Mond und die Sterne. Man kennt sich schon seit Jahren, und allmählich begreift man sich als eine Art Riesenstamm mit vielen Unterabteilungen.

Als drittes Modell des polykulturellen Prozesses ist die **Gang** zu nennen. Gangs zeichnen sich durch männliche Strukturen und darwinistische Machtspiele aus. Anders als die Subkulturen, haben sie keine Botschaft an die Gesellschaft. Ihre innere Botschaft bezieht sich

Survivors

„Es ist der hochmobilisierte Wilde, der diese zerbrochene Welt beherrscht. Ganz klar: Im Chaos findet sich am Ende nur noch der Wilde zurecht."
Sensor Berlin

auf das Überleben, auf trotzige Selbstbehauptung und Outlawtum. Sie treten weniger auf, um zu provozieren, als um Ordnung zu schaffen (vor allem im psychischen Innengefüge ihrer Mitglieder). Gangs sind typische Ausdrucksformen sozialer Desintegrationsprozesse, und deshalb haben sie allerorts Zukunft. In Deutschland wurde das Gangwesen bislang vor allem von ausländischen Jugendlichen praktiziert, doch im Boom der deutschen Rap-Bands, in der relativ starken deutschen Graffiti-Kultur drückt sich diese Sehnsucht auch bei deutschen Jugendlichen aus. Selbst brave Mittelschicht-Kids greifen auf typisch amerikanische Ghetto-Insignien zurück und bezeichnen sich apologetisch als White Niggers oder **Nation,** nur um den Thriller des Outsidertums stilecht inszenieren zu können.

Nation

Nation bekommt im Englischen eine andere Färbung als im deutschen Sprachgebrauch. Die Tendenz zur Abkapselung von Subkulturen drückt sich auch im Boom des Rap in Deutschland aus. Hip Hop ist Ghettomusik, die das Ghetto (the Nation) propagiert. Die schwarze Bewegung in den USA begreift sich inzwischen als Black Nation, die Homosexuellen propagieren derzeit die Queer Nation.

Bei dieser Aufzählung sollten wir auch nicht vergessen, welche Stammesformen im Rückzug begriffen sind. Die Marken-Kids der Siebziger etwa haben sich weitgehend überlebt. Heute bezieht kaum ein Stamm von Youngsters seine Identität mehr aus Lacoste-Klamotten oder Nike-Turnschuhen. Insignien und Brands wechseln schneller, sind virtueller geworden, als daß man sie mit den traditionellen Methoden des Marketings steuern könnte.

ZEITSCHLEIFEN

Schließlich hat das polykulturelle Puzzle auch noch andere Ebenen aufzuweisen. Stadt und Land haben wir bereits genannt. Ost und West ist eine andere Achse. Doch die beschleunigten Modernisierungsprozesse bei gleichzeitiger Stagnation anderer Regionen und Bevölkerungsgruppen fächern auch das Zeitspektrum auf. Ein Puzzle der Ungleichzeitigkeit entsteht. Durch den Wegfall verbindlicher Kulturnormen, der in diesem Jahrzehnt auch noch durch einen Wegfall einer verbindlichen Bewegungsrichtung ergänzt wird, entsteht allerorten **Zeit-Cocooning**.

Wir alle kennen diesen Effekt: Wir besuchen Tante E. im Ruhrgebiet, und plötzlich öffnet sich hinter der Tür eines Mietshauses eine Welt, die exakt in den fünfziger Jahren stehengeblieben ist. Der Nierentisch, der Gummibaum, die speckige Wachsdecke auf dem Küchentisch, das alte Radio – ein Museum! Aber in diesem Museen leben landauf, landab Menschen. Und ständig kommen neue hinzu. Weitere Beispiele:

Das Sechziger-Museum. Emotionen sind gut, die Gesellschaft ist schlecht, die Politiker sind alle korrupt: In diesem mentalen Interieur igeln sich heute viele Vierzig- bis Fünfzigjährige ein. Cocooning mit alten Gewißheiten, mit Hard-Rock-Musik, Cowboystiefeln und, wieder, Karohemden, durchaus auch mit Familie. Dies ist vielleicht die derzeit zwingendste Zeitschleife – ein großer Nostalgiesog verherrlicht die Unschuld der Aufbruchszeit von 1968 und danach, als Naivität noch rebellisch und gut erschien und es genügte, einen kleinen Tabubruch zu begehen, um sich gut und wichtig zu finden...

Das Achtziger-Museum. Andere haben sich in ihren kühlen Individualismen eingekapselt, nicht nur sichtbar mit weißen Sofas, Halogenlampen und Kunst-

Zeit-Cocooning

Soziale Regression in eine bestimmte kulturhistorische Epoche. Der Zeit-Cocooner weigert sich, aus dem Stil seiner Jugend herauszuwachsen und in seinem Lebensstil Modernisierungen zuzulassen.

drucken in Metallrahmen an der Wand. Eine zynische, funktionale Welthaltung gehört dazu – Distanz als Lebenskonzept, Kontrolle der Gefühle, auch eine gewisse vorweggenommene Bitternis. Man trauert trotzig der alten, heilen Wohlstandswelt (West) hinterher, gibt sich aggressiv gegenüber allem, was aus dem dunklen Osten kommt. Man fühlt sich gestört von den zunehmenden Ungleichzeitigkeiten, von der Trivialisierung, der Wiedervermassung der Kultur, die durch den Wiedereintritt von sechzehn Millionen Ostbürgern forciert wurden. Eigentlich, so die Devise, hätte es prächtig so weitergehen können in unserer Wohlstandswelt, wenn nicht diese Deppen von drüben...

Das Zwanziger-Jahre-Museum. Und dann findet man plötzlich Areale inmitten unseres sozialen Alltags, die fast aus einem anderen Jahrhundert zu stammen scheinen. Eineinhalb Millionen Aussiedler aus dem Osten sind in den letzten zehn Jahren, teilweise aus entfernten Gebieten wie Kasachstan, in den Westen gereist. Fremder als mancher schwarzhäutige Ausländer, leben sie nun mitten unter uns, blond, rotwangig, in großen Sippen und Familienverhältnissen, wie sie kaum noch vorstellbar sind. Das alte, ländliche Deutschtum kehrt zurück. Es zeichnet sich aus durch Eigenschaften, die dem Durchschnittsdeutschen längst abhanden kamen: Fleiß, Anpassungsvermögen, Gruppenunterordnung. Mitten unter uns, in unserer elektronisch-hedonistischen Demokratie, leben also Fremde mit deutschem Paß und deutscher Staatsangehörigkeit in einer vollkommen anderen Welt.

DIE POLYKULTURELLE DRIFT

Die Zentralthese der Polykulturalität lautet: Anders als in den vergangenen Jahrzehnten, als die verschiedenen Lebenswelten noch durch eine Grunddrift der Gesellschaft in eine Bewegungsrichtung gehalten wurden, lösen sich heute die einzelnen Identitätsuniversen vom Festland und bewegen sich in unberechenbare Richtungen davon. Cliquen, Gruppen, Partialinteressen gewinnen an Gewicht gegenüber dem Common sense der Boom-Jahrzehnte. Ein Patchwork entsteht. Ghetto-Lebensgefühle gewinnen an Raum; nicht nur in marginalisierten Bevölkerungsschichten oder bei Subkulturen herrscht der Wille zur Abgrenzung, sondern auch bei den Wohlhabenderen wächst die Überzeugung, daß man seinen Wohlstand verteidigen muß. Man kapselt sich ab. In Ideologien, Stadtteilen, alten Gewißheiten. Man treibt Besitzstandswahrung.

Dies ist erneut einer der wesentlichen Unterschiede zwischen dem sozialen Klima der Achtziger und dem der Neunziger. In den Achtzigern war vieles auf Diskurs, Öffnung, und Mischung ausgerichtet. „Offen für Erfahrungen“, dichtete eine bekannte Zigarettenmarke. Aber diese Parolen wirken heute in unseren Städten, in denen längst der nervöse Sound der Alarmanlagen in der Luft liegt, seltsam abstrakt. Die soziale Arithmetik verändert ihre Vorzeichen. Soziales Cocooning prägt den Geist der Zeit. Ein allgemeines Gerangel unter den Peer-Groups bricht aus, ein Gefühl, man müsse sich stets und ständig gegen andere behaupten.

Fanzines

Einige Beispiele für Fanzines der neuen Art: *Wage Slave World News* ist eine Art revolutionäre Bildzeitung. Mit reißerischen Titeln und unglaublichen (aber oft wahren) Stories wird zur Revolution aufgerufen. *The Joes News* ist ein typisches Ich-Fanzine. Darin schreibt ein Joe, den keiner kennt, jede Zeile. Witzig, verrückt, hat Kultcharakter. *News of the Weird* schreibt nur über unmögliche, bizarre, aber wahre Begebenheiten zwischen Menschen. *Experimental Musical Instruments* berichtet alles über Musikinstrumente, die es noch nicht gibt, die aber irgend jemand austüftelt.

Hydrokulturen

„Sie werden in der artifiziellen Welt der Medien gezogen und dann der Realität eingepflanzt. Sie wachsen schnell, sind aber auch extrem anfällig gegen Veränderungen in ihrer Umwelt. Hydrokulturen sind nur noch als Fluktuationen faßbar, eben alsTrends ." *Sensor Berlin*

Die Medien tragen zu diesem sozialen Separatismus bei. In Amerika hat bereits jede kleine Volksgruppe, jede Interessengruppe einen eigenen Kabelkanal. Das babylonische Sprachgewirr beschränkt sich nicht nur auf rein linguistische Fragen. Eine Vielzahl von **Fanzines**, von Spezialzeitungen über biologisches Gemüse bis zu Computernetzwerken der Schwulenkultur, begleitet die Polykulturalisierung.

Die Konsequenz? Zunächst sollte man die wohlfeilen Sortiersysteme der Vergangenheit schleunigst vergessen. Die Milieustudien und Lebensstilkataloge, die in den Achtzigern in immer neuen Varianten, vom Euroconsumer bis zum Neopostalternativen (oder wie dergleichen Kunstgeschöpfe alle hießen), der Industrie das gesellschaftliche Terrain wieder fein säuberlich sortieren sollten, sind heute reine Phantasieprodukte. Polykulturalität heißt in letzter Konsequenz, daß die Idee der strategischen Steuerung der Märkte auf immer engere Grenzen stößt. Die **Hydrokultur** beherrscht das Feld. Die klassische alte Marke, die den gesamten Markt penetriert (was für ein scheußliches, chauvinistisches Wort!), wird es in Zukunft immer schwerer haben. Und alle Versuche, den Konsumenten in den jeweiligen Polykulturen hinterherzulaufen, ähneln auf Dauer einem Sisyphusunterfangen.

Die Krise der Marktforschung, die zunehmende „Unschärfe", mit der heute Prozesse in den Märkten vonstatten gehen, haben viel mit der Polykulturalisierung zu tun. Die Gesellschaft teilt sich in mehr und mehr autonome Sektoren, Subkulturen, Ethnien, Zeitzonen, in denen jeweils andere Gesetze gelten und Bedürfnisse herrschen. Es liegt auf der Hand, daß immer mehr dieser Polykulturen nicht nur ihre eigenen Medien und Kulturformen kontrollieren wollen, sondern auch ihre eigenen Waren. Das, was die Alternativbewegung vor Jahren durch Dilettantismus und Naivität nicht vermochte – die Etablierung eines zweiten ökonomischen Sektors –, wird heute, im Zeitalter der Kybernetisierung von wirtschaftlichen Prozessen, immer einfacher. Am Ende einer langen Evolution steht, wie Marx es gesagt hätte, eine Wiederaneignung der Produktion durch die Produzenten. Hier – im Kampf der großen Konzerne und Brands gegen die wachsende Autonomisierung der Warenproduktion – können wir schemenhaft die Klassenkämpfe des 21. Jahrhunderts erahnen.

FIN DE SIÈCLE

Über die wachsende Lust am Weltuntergang und die gigantische Projektionsleinwand der Jahrtausendwende.

Der Raum ist ganz in Gold gehalten. Die Säulen wirken verwittert, an der voluminösen Stukkatur blättert sanft der Putz, an den Wänden scheinen sich die verblichenen Farbschichten von Jahrhunderten abzuzeichnen. Im Hintergrund ist ein etwas undeutliches Fresko zu sehen; bacchantische Orgien aus dem alten Pompeji? An den Tischen sitzen einzelne Männer und Frauen, schwarz gekleidet, mit zurückgekämmten Haaren, rauchen Zigarillos und lesen wortschwere Zeitungen. Die Kellner, deren Konturen an Arnold-Breker-Figuren erinnern, servieren schweigend und arrogant Kaffee, in dem der Löffel steht, und schwere Liköre. Auch die Gäste sind recht still. Man scheint auf irgendein Ereignis zu warten, das nicht kommen wird. Ab und zu erhebt sich ein kleines, virtuoses Wortgefecht aus dem Zigarrenrauch, ironisch, zynisch, blitzgescheit, aber ganz ohne die Illusion, irgend jemanden zu überzeugen oder auch nur das Geringste mitzuteilen.

Oder: ein Kirchenschiff. Unter der himmelhohen Decke hängen zwei goldene Käfige, in denen zwei nackte Engel in Lederkorsetts ekstatisch tanzen. Rhythmischer Höllenlärm im Takt eines amokfahrenden Güterzuges erfüllt die Halle bis in den letzten Winkel.

Unten auf dem Tanzboden zucken androgyne Kids mit weißgeschminkten Gesichtern und nach oben gedrehten Augen in Madonna-Leibchen und hautengen Satinhosen. Ein Geruch von Schweiß, Veilchen und Weihrauch liegt in der Luft. An den weißgekalkten Wänden des Kirchenschiffs flackern Dia- und Filmprojektionen: verbrannte Opfer des Vietnamkrieges, Atompilze, die Ruinen von Hiroshima und Dresden, Hungerskelette in Somalia, riesige, brennende Müllkippen, Massengräber in Bosnien, marschierende chinesiche Volksmassen, verendete Wale am Strand...

„Unsere Zeit erinnert sehr an die Auflösung des griechischen Staates. Alles besteht zwar noch, doch niemand glaubt mehr daran. Das unsichtbare geistige Band, daß ihm Gültigkeit verleiht, ist verschwunden, und so ist die ganze Zeit komisch und tragisch zugleich; tragisch, weil sie untergeht, komisch, weil sie fortdauert." (Dr. Gerd B. Achenbach, praktizierender Philosoph)

Zwei Szenen aus der Jetztzeit und keine Phantasiegebilde – ein Café in einer deutschen Großstadt, eine Disko in New York. Indikatoren für einen Stil, der, bewußt oder unbewußt, mit dem großen Ereignis spielt: dem Jahr 2000. In Worten: zweitausend. Seltsam: So einfach diese Zahl sich aussprechen läßt, so nah das Datum längst gerückt ist, wenn wir auf den Kalender schauen – immer noch hat es etwas ganz und gar Entrücktes. Obwohl wir heute schon absehen können, daß im Jahre 2001 weder ein schwarzer Monolith auf der Erde landet, noch unsere alltägliche Welt revolutionär anders aussehen wird, scheint das Jahr 2000 einen geheimnisvoll utopischen Schatz zu beinhalten, der auf seine Bergung wartet.

DAS SCHWARZE FIN DE SIÈCLE

Seit Mitte der Achtziger ist die vorherrschende Farbe Schwarz. Schwarz sind die Lederjacken, die Jeans und T-Shirts auf den Straßen der Jugendkulturen, schwarz die Plattencover, schwarz die meisten Rituale der Nacht. Morbide Zeichen und Symbole haben Konjunktur in den Subkulturen; Totenschädel und Schlange, blutende Herzen und Knochenmänner, Kreuze und Gräber. So sehr in Zeitschriften und Design-Gazetten auch der Bunttrend oder die Karomode ausgerufen wird: Schwarz gewinnt. Schwarz heißt Trauer. Schwarz heißt Düsternis. Schwarz heißt Abschied.

Ganz offensichtlich richten sich nicht nur einzelne Subkulturen in Endzeitgefühlen ein. Man spürt dies nicht so sehr auf der Ebene der Meinungsumfragen, der bewußt artikulierten öffentlichen Meinung, sondern eher subkutan, in den kleinen Äußerungen. Eine Stimmung der Resignation hat sich ausgebreitet. Ganz eindeutig wächst die Zahl derer, die die Menschheit oder den Planeten auf dem Weg in den Abgrund sehen, wächst das Gefühl der Vergeblichkeit beim Engagement für die Umwelt, für den Frieden, für bessere soziale Verhältnisse, für mehr Menschlichkeit. Überall werden statt Besserungen Abgründe beschworen, statt Lösungsvorschlägen wird Ratlosigkeit artikuliert, statt Hoffnung wächst Apathie.

Empörungen über Umweltskandale, Korruption, Verbrechen, Kriege in Europa haben heute, wenn man den Radiokommentatoren und Fernsehmoderatoren genauer zuhört, eher eine zynische Konnotation. Das kleine, schlichte Wörtchen von der Vorkriegszeit macht die Runde.

Betrachtete sich zum Beispiel ein Medium wie der *Spiegel* noch vor Jahr und Tag als „Sturmgeschütz der

„Ihr Bericht hat wieder einmal gezeigt, daß die Menschheit nichts anderes ist als Mehltau auf dem Planeten.“ (Typischer Leserbrief im *Spiegel*, 1993)

Untergangstheater

Von den Techno-Zerstörungsakten der Gruppe La fura dels Baus bis zu den Blut- und Zerstörungsorgien des Skandalregisseurs Reza Abdok – aggressive Dekadenz beherrscht die Bühne der Mittneunziger. Auch die Schrott-Feuer-Müll-Show der Mutoid Waste Company greift das Thema Untergangskult auf.

Demokratie", so mischen sich heute immer mehr düstere Töne in den politischen Diskurs des Blattes. „Hat die Menschheit ein Konzept?" wird da zu Beginn einer großangelegten Serie über die planetaren Probleme der Menschheit gefragt (unter dem Logo „Trend 2000"), und, natürlich, sie hat keines, sie taumelt von einer Katastrophe in die andere, sie ist auf dem absteigenden Ast. Der *Spiegel* war einst ein geistiger Motor für Reformen, heute scheint er wie ein akribisches wöchentliches Protokoll des Niedergangs unserer Zivilisation.

Dieselbe Dunkelheit findet man auch auf dem weiten Terrain unserer Kultur: Im deutschen **Untergangstheater**, um nur ein Beispiel herauszugreifen, taumeln nur noch wirre und verwirrte Gestalten ihrem Untergang entgegen. Düstere Filme wie „Kafka", auch die abseitigsten Apokalypse-Theoretiker (wie etwa Ulrich Horstmann) finden immer wieder Interessenten für ihre exterministischen Theorien, nach denen die Menschheit mehr oder minder ein Schmarotzer auf diesem Planeten ist und am besten früher oder später von der Bühne abtritt.

Zukunft? Kommt im Repertoire unserer Gegenwartsgefühle praktisch nicht vor. Ist gestrichen. Findet nicht statt.

DAS NAIV-GLÄUBIGE FIN DE SIÈCLE

Bedrohliche Zeiten rufen verstärkt das Bedürfnis nach Erlösung hervor. Wo man die Flut der Informationen und Meinungen nicht mehr verkraften kann, wo sich altgewohnte Lebensmodelle rapide auflösen, sehnt man sich nach starken Zeichen. Fin de siècle: Das heißt auch Renaissance des Wunderglaubens in all seinen alten und neuen Formen – vom Horoskop bis zu den unerklärlichen Geheimnissen im Fernsehen, von der Rückkehr der Wunderheiler bis zum Comeback des Uri Geller. Besonders brisant werden diese Aberglaubenssysteme, wenn sie eine apokalyptische, mahnende Syntax enthalten. So wurden die Kornkreise in Südengland jahrelang als Zeichensprache im Kontext der ökologischen Bedrohung interpretiert. Jemand, so hieß es, versucht, uns Zeichen zu geben und uns vor der Zerstörung des Planeten zu warnen.

Diese Zeichensyntax ist alles andere als neu, genaugenommen ist sie so alt wie die Menschheit. Flammenzeichen am Himmel, Stimmen aus dem Jenseits, mahnende Signaturen an Felswänden – so etwas bereitete zu allen Zeiten Zeitenwenden und Untergänge vor. Heute kommt jedoch das gesamte Repertoire der Medien hinzu: Die Gurus des Untergangs können sich jetzt ganze Fernsehstationen mieten, der Ruf von Wunderheilern eilt blitzschnell durch alle Kanäle. Wenn irgendein Filmstar entdeckt hat, daß sie als ägyptische Konkubine gemordet hat und deshalb unter Scheidungsproblemen leidet, wissen am nächsten Tag Millionen davon.

Bis zur Jahrtausendwende, so unsere Prognose, wird sich das magische Spektakel bis weit über alle Schmerzgrenzen hinaus ausdehnen, es wird hysterische Züge annehmen bis hin zu Massenwahnphänomenen. Besonders vielversprechend sind die Ufos – Besuch von anderen Sternen kommt einer weitverbreiteten Sehnsucht nach Erlösungsautorität entgegen, befriedigt das Bedürfnis nach einer Instanz, die uns endlich „sagt, wo's langgeht". Das zweite große Thema wird die Reinkarnation sein, eine recht praktikable Ersatzreligion für das Christentum, gewissermaßen eine geschrumpfte und halb säkularisierte Version christlichen Erlösungsversprechens. Die Idee der Wiedergeburt wirkt den verstärkten Todesängsten einer individualisierten Gesellschaft entgegen, sie gibt dem eigenen Leben Sinn und Dimension, sie ermöglicht wieder einen Begriff, der das Ich entlastet und der in Fin de siècle Zeiten eine besondere Rolle spielt: Schicksal.

DAS INTELLEKTUELLE FIN DE SIÈCLE

Wer heute Essays oder Romane aus neuerer deutscher Produktion liest, der muß sich durch eine Flut an manchmal schwülstigen, manchmal einfach nur komischen Enddiagnosen hindurchkämpfen. Im deutschen Feuilleton endet es heftig. Der Nachkriegskonsens und die zivile Gesellschaft, die Natur und die echte Empfindung, der Glaube und die Individualität, die Politik und der Eros – nichts, was vom endgültigen Untergang verschont bliebe. Der Untergang des Abendlandes ist heute nicht mehr das Privileg der Rechten – besonders linke Intellektuelle sind auf dem Untergangstrip. Vieles davon ist nicht so rasend neu. Die diversen marxistischen und libertären Weltbilder der letzten zwanzig Jahre haben immer schon Endzeiterwartungen zum

„Nur die Armut kann uns retten. Nur wenn uns einfach die Mittel fehlen, so viel Unfug in so großem Umfang zu begehen, wie wir es hundert Jahre lang getan haben, ist an ein Weiterleben zu denken." (Jürgen Dahl in der *Zeit*)

Blühen gebracht („Ende des Spätkapitalismus"), und eine ganze Ästhetik, die, besonders im Theater, immer wieder fröhliche Urständ feiert, widmet sich dem Titanic-Gefühl. Auf fast jeder deutschen Bühne taumeln verlorene oder feiste Gestalten im Delirium der letzten Tage dem Untergang entgegen. Jüngstes Beispiel dieser endzeitlichen Bewußtseinslage, dieses den deutschen Intellektuellen offenbar ins Stammbuch geschriebenen Raunens, ist der Botho-Strauß-Skandal. Besonders er zeigt, daß ein Großteil dieses Geisterzuges sich auf eine schlichte Projektion bezieht. In der modernen, selbststeuernden Massengesellschaft sinkt der Einfluß der Schrift-Intellektuellen.

DAS EKSTATISCHE FIN DE SIÈCLE

Der entscheidende Vorteil finaler Weltbilder besteht vor allem darin, daß sie gleichzeitig enthemmen und intensivieren. Der Apokalyptiker ist stets seiner Zeit voraus, er ist ein moderner Outlaw, für den die Gesetze der Moral nicht gelten, weil er ihre Sinnlosigkeit durchschaut. In der Endzeit ist alles erlaubt, und alles ist ungleich intensiver.

Der Tanz auf dem Vulkan: Die rituelle Katharsis, die in alten Stammessystemen zur kulturellen Grundausstattung gehörte, erobert die westliche Welt. Von der konsequenten Fastenkur bis zur durchtanzten Trance-Nacht, vom Psycho-Marathon bis zum Initiationsritual der Neonazis – die alten Rituale der Reinigung kehren zurück. Das tiefe Bedürfnis nach echten, nach tiefen, nach riskanten Erfahrungen bricht sich Bahn. Bungee-

Jumping und Drachenfliegen, Fallschirmspringen in der Gruppe und Wildwasser-Rafting sind Zeichen für eine Psyche, die sich in den Extremen sucht, die sich neu gebären möchte. Dunkler, harter Sex mit suizidärer Tendenz ist heute nicht nur in den USA eine Branche mit exponentieller Steigerung. Die dunkle Welt jenseits des Normalen, der schnelle Kick, das Rasen der Adrenalinmoleküle im Körper, das Wiederentdecken archaischer, aggressiver **Wildnis** und vor allem eine große, gaffende Faszination an alledem sind typische Erscheinungen endzeitlicher Kulturen.

DAS DEKADENTE FIN DE SIÈCLE

Eine Institution, die die geronnene Form der Endzeitmelancholie darstellt, das Wiener Café, wird inzwischen professionell im Franchise-Verfahren in fernöstliche Metropolen hineinkopiert. Im Café wird die universelle Sprache eines ewigen Fin de siècle gesprochen. In einer äußerst geschickten Distanz zum bösen Geschehen läßt man sich, behaglich Zeitung lesend, dem Untergang entgegentreiben: Der Snob, der Exzentriker in all seinen Gestalten, ist ein weiterer Indikator für endzeitliche Gefühle.

Ganze Städte leben von diesem Nimbus. In Wien, Budapest und Prag geht schon seit Jahrhunderten die Welt unter, herrscht jener süße Weltschmerz, der demjenigen, der die Verrottetheit der Welt erkannt hat, in den Adelsstand verhilft. Heute läuft eine ganze intellektuelle Elite zu großer Form auf, der zynische, kluge Slang bietet immer neue Formen der Gegenwartsbe-

Wildnis

Der Sozialphilosoph Hans Peter Duerr beschwört die „Ungezähmtheit des Menschen". In seinem Buch „Obszönität und Gewalt" stellt er die These auf, daß der Zivilisationsprozeß stets unvollkommen bleiben wird und muß. Und daß die Zeit der Grausamkeiten noch vor uns liegt. Der *Spiegel* feierte das Buch emphatisch.

wältigung an. Morbide Arroganz, Körperfeindlichkeit, ein hartnäckiges Beharren auf dem Nichtstun. Blaß darf man sowieso schon seit längerem sein, nun, angesichts des Endes der Welt, steht uns auch eine gewisse Blasiertheit.

Dazu gehört auch ein architektonisches Äußeres. Schon einmal, im späten 18. Jahrhundert, in einer Zeit politischer Wirren und gescheiterter Revolutionen, war es Mode, im „Ruinenstil" zu bauen. Die Fürsten, ihren Untergang bereitwillig und vorauseilend illustrierend, bestellten bei ihren Architekten rußgeschwärzte Ritterburgruinen als Neubauten. Man nimmt den Zerfall ästhetisch vorweg. In London und Paris findet man heute gleich Dutzende von Restaurants und Läden im Ruinenlook – die Innenausstatter bemühen sich redlich: an den Wänden vergilbte Farbe, abblätternde Rotunden und zerfallene Säulen geben den Räumlichkeiten den entsprechenden Touch. Der Zahn der Zeit und der Vergänglichkeit ist sichtbar.

DAS NOSTALGISCHE FIN DE SIÈCLE

Schließlich erzeugt das schöne Wort „Jahrhundertwende" (diesmal sogar ins Jahrtausend gesteigert) immer auch eine nostalgische, rückwärtsgewandte Spur im kollektiven Bewußtsein. Das Rad der Geschichte wird angehalten, man zieht Bilanz, man betrachtet die alten Ideen mit Wehmut und die Erfahrungen des Jahrhunderts mit dem Blick des für immer Abschied Nehmenden: „Zeitenwenden" bringen ein Bewußtsein mit sich, das sich keine Zukunft mehr vorstellen kann. Die

Gegenwart zerfällt in Facetten der Vergangenheit, und schließlich setzt sich das mulmige Gefühl durch, etwas wirklich Neues könne es gar nicht mehr geben. Es ist kein Zufall, daß derzeit das Rad des kulturellen Recyclings in immer größeren Schwüngen Altbekanntes zurückbringt: Hippie-Comeback, Psychedelic-Comeback, Zwanziger-Jahre-Nostalgie, Roaring Fifties. Scheinbar längst überwunden geglaubte Welthaltungen kehren wieder. Adel und Elite, diese in der modernen Industriegesellschaft längst obsoleten Begriffe, tanzen nun wieder durch das Feuilleton, zum Beispiel im Rahmen der Botho-Strauß-Debatte, und als Sehnsucht durch verwirrte Köpfe.

Fin de siècle – das heißt immer auch: Hang zum Ornament, zum Schnörkel, zur Dekoration. Die letzte Jahrhundertwende brachte den Jugendstil zur Blüte und ein naives, schwärmerisches Naturbild, das mit Natur nur wenig, mit regressiven Paradies- und Harmoniesehnsüchten um so mehr zu tun hatte. Fin de siècle heißt Eklektizismus bis zum Exzeß, heißt, wenn man so will, die finale Umschichtung und Auflösung der Trends zu einer universellen Gleichzeitigkeit: Kitsch wird zum Kult, Nostalgisches existiert nun bruchlos neben Futuristischem, das längst schon selbst in den Status der Nostalgie erhoben wird, extremer Narzißmus und Hedonismus stehen unvermittelt neben emphatischem und rigidem Moralismus, Verherrlichung des Körpers und neue Innerlichkeit scheinen wie in einem Vexierbild ineinander verwoben.

DAS EMPHATISCHE FIN DE SIÈCLE

Und natürlich gibt es auch einen euphorischen, einen utopischen Zweig des Fin de siècle. Die Bedrohungen, so groß und unlösbar sie auch sein mögen, fordern einen heroischen Utopismus heraus. Aus den diversen Eschatologien, die sich um die Jahrtausendwende als Fixpunkt ranken, wird sich in den nächsten Jahren auch eine finale Euphorie herauskristallisieren. Die Jahrtausendwende gilt dann als planetarer Wendepunkt, als letzte Chance, das Steuer herumzureißen. Und wir alle, die wir diesen Zeitpunkt erleben können, leben gewissermaßen in einer geheiligten Zeit.

Es ist nicht schwer, aus dem Repertoire heutiger Protest- und Pathosformen die ersten groben Konturen des optimistisch gewendeten Jahrtausendwende-Spektakels zu kompilieren. In den Lichterketten der Antirassismusbewegung, in den weihevollen Rockkonzerten der Öko- und Bürgerrechtsbewegung übt die Kultur bereits für das größte aller Events. Aus folgenden Elementen dürfte sich die Jahrtausendwende-Euphorie schließlich zusammensetzen:

Das humanistische Erbe lebt. Die großen Heroen der Menschheit, von Albert Schweitzer über Albert Einstein bis Mutter Teresa, werden noch einmal vor unserem geistigen Auge auferstehen.

Wir haben in diesem Jahrhundert viele Krisen durchlebt und Katastrophen erlebt, aber die Menschlichkeit bricht sich immer wieder Bahn, sie kennt viele Wege: In diesem Segment der Millenniumseuphorie könnten die christlichen Kirchen noch einmal zu erstaunlicher Größe auflaufen.

Spirit of the earth. Die Ökologiebewegung stellt das zweite Element der Millenniumseuphorie: die Erde als Raumschiff, als Heimatplanet, als lebendes Ökosystem, als Wunder, das uns von der Natur geschenkt wurde und über das wir wieder Staunen lernen wie die Kinder. Wir sind alle **Planetarier**. Diese Grundstimmung gab es bereits einmal in den späten Sechzigern, als Hippie-Ära und Weltraumfahrt sich zu einem Abhebe-Gefühl vermengten. Die ersten Ausläufer der zweiten Welle lassen sich bereits heute im Psychedelic-Boom beobachten, und sie werden sich bis zur Jahrtausendwende zu einem Crescendo steigern. Die Raumfahrt dürfte dabei als kollektives Menschheitsexperiment wieder in Mode kommen, und die Ökoästhetik der letzten Jahrzehnte – Greenpeace, die Wale als Mysteriensänger, Sonnenenergie, organisches Design, das Fraktale, Chaos-Theorie – setzt zu einem neuen Höhenflug an.

Eine-Welt-Kultur. Wer das Millennium erlebt, wird gleichsam zum Übermenschen geadelt, zum neuen Planetarbürger ernannt, zum Botschafter für die Zukunft, zum geläuterten Humanoiden. United Planet, der vereinte Planet, auf dem jeder mit jedem unaufhörlich vernetzt ist – das ist das dritte Element der Millenniumseuphorie. Computervernetzung und globales Dorf spielen dabei eine Rolle, man berauscht sich schon an der Tatsache, daß das weltweite Mediennetz jeden mit jedem kommunizieren läßt, unabhängig von Rasse,

Planetarier

„Ich betrachte mich als globalen Menschen. Ich nehme an globalen Aktivitäten teil: in Flugzeugen sitzen, mit Maschinen reden, kleine geometrische Nahrungsmittel essen und über Telefon an Abstimmungen teilnehmen. Ich mag diese Ideen. Ich weiß, daß Millionen Leute alle dasselbe denken und daß wir uns alle, in unseren stillen Momenten, Botschaften der Liebe und Zuneigung senden.“ (Douglas Coupland in seinem Roman „Shampoo Planet“)

Geschlecht oder Region. Die ersten Ausläufer dieser Euphorie erlebten wir in den Achtzigern mit den ersten Planetarkonferenzen, den Computerhackern und der „We are the world people“-Werbungen der Jugendartikelhersteller. In der Millenniumseuphorie wird die triviale Popkultur noch einmal Triumphe feiern – das Jahr 2000 inszeniert sich als weltweites Weltmusikfinale, bei dem alle Rassen, Hautfarben und Nationen sich tanzend und singend die Hand reichen.

SELBSTBETRUG ODER SELBSTERKENNTNIS?

Eine Fata Morgana? Ein verlogenes Spektakel? Ist die gigantische Jahrtausendwendefeier, für die heute schon die Bühnen aufgebaut und das geistige wie materielle Equipment getestet werden, am Ende nichts als eine riesengroße, eitle PR-Party, an deren Ende wir in Katerstimmung im 21. Jahrhundert aufwachen, das sich aller Voraussicht nach nicht wesentlich vom 20. Jahrhundert mit seinen elenden und unlösbaren Problemen unterscheiden wird? Wir wollen hier nicht darüber urteilen, wie sinnig oder unsinnig die Jahrtausendwende-Euphorie ist. Fest steht, daß solche projektiven Überhöhungen zur Menschheitskultur gehören – zu allen Zeiten, in allen Kulturen existierten Wendezeiten und Untergangsperioden – und daß in ihnen neben allerlei Wirrem, Obskurem und Gefährlichem auch immer wieder Wahrheiten zutage treten. Unsere Kultur spiegelt sich darin, wird sich, wenn es gutgeht, ein wenig mehr ihrer selbst bewußt. In der Katharsis solcher Euphorien finden auch notwendige Reinigungsprozesse statt: Die

Kultur läutert sich vom Ballast ihrer Widersprüche, ihrer Anachronismen. Der Begriff Zukunft, der derzeit so etwas wie ein Unwort zu sein scheint, wird wiedererobert. Es ist, als ob das kollektive Bewußtsein in einem großen, vielleicht reinigenden Prozeß seine Inhalte und Erinnerungen ausspuckt und noch einmal durchkaut und verdaut. Es ist, als ob die Megamaschine der Kultur Amok läuft in einem riesigen, sinnlosen Getöse, in der die Zeichen und ihre Bedeutungen entwertet und vernichtet werden, um Platz zu machen für etwas Neues.

Man sollte zudem die emotionale Kraft, die im Fin de siècle Pathos steckt, nicht unterschätzen. Das Jahr 2000 könnte ja tatsächlich so etwas wie eine kollektiv-planetare Katharsis werden. Plötzlich könnten für eine Weile in regionalen Konflikten die Waffen schweigen, könnten internationale Umweltschutzgesetze verabschiedet werden und der Uno über Nacht neue Funktionen zuwachsen. Wie für alle großen Imaginationen gilt auch für die Jahrtausendwende, daß sie erstaunlich real werden kann.

Kein Zweifel und ob wir das wollen oder nicht: Die Millenniumseuphorie wird uns alle in den nächsten Jahren über Gebühr fordern und beschäftigen. Sie wirkt wie ein Verstärker, im guten wie im schlechten. Sie geht uns auf die Nerven, aber ebensowenig wie man ein Weihnachtsfest oder seinen eigenen Geburtstag schwänzen kann, kommen wir um die Millenniumseuphorie herum. Aber wir sollten nicht vergessen, daß sie eine Veranstaltung ist, mit der sich nur ein ganz be-

„Ich glaube, daß wir das Ende dieses Jahrhunderts mit der wunderbaren Energie der Verzweiflung erleben, mit der Notwendigkeit, eine neue Epoche zu schaffen, weil das Kapitel der achtziger Jahre endgültig beendet ist.“ (Christian Lacroix in „Wie wohnen wir im Fin de siècle“, einer Beilage zu *Architektur & Wohnen*)

stimmter Teil des Planeten feiert: der christliche Kulturkreis. Weder im arabischen noch im chinesischen noch im hinduistischen Kalender ist demnächst eine Jahrtausendwende vorgesehen. Daß wir dies oft vergessen, sagt etwas über den Triumph des Westens aus, über die normierende Gewalt, mit der der amerikanisch-europäische Lebensstil über die Welt gekommen ist. Das äthiopische Jahr 2000 wird im Januar 2007 anbrechen, der traditionelle jüdische Kalender verzeichnet dann das Jahr 5761, und der iranische Kulturkreis befindet sich zu Zeiten unseres gloriosen Millenniumsfestes im völlig unscheinbaren Jahre 1379.

The Tens

„Das erste Jahrzehnt eines neuen Jahrhunderts". (Douglas Coupland)

URDEUTSCHER KATZENJAMMER

Warum die Deutschen sich heute der Zukunft verweigern und welche zusätzlichen Aufgaben auf die industrielle Kultur zukommen.

Wir wollen nun auf ein Phänomen zu sprechen kommen, das scheinbar mit der Welt der Trends nichts zu tun hat. Scheinbar. Denn der deutsche Katzenjammer wird uns alle, ob Konsumenten, Produzenten oder Trendforscher, in den nächsten Jahren begleiten. Er wird eng mit dem, was in dieser Gesellschaft stattfindet – kulturell, industriell, politisch –, verbunden bleiben.

Unter Katzenjammer verstehen wir die psychische Verfassung der Deutschen nach der Wiedervereinigung, jenen unentwirrbaren Wust aus Klage, Zukunftsangst und Pessimismus, aus Hysterie und Übersteigerung, Depression und Angst, der hierzulande jeden Diskurs dominiert, jenes panische Denken, das aus jeder Schwierigkeit den Beweis macht, daß im Grunde alles zu spät ist. Die in „Fin de siècle" beschriebene Untergangsstimmung ist Teil dieses Syndroms, aber es geht nicht nur um Ängste. Was den Katzenjammer so unerträglich macht, ist seine larmoyante Komponente, sein spießiger, nörglerischer Unterton, seine zähe Rückwärtsgewandtheit. Die Deutschen – hier soll, bei aller Vorsicht, einmal eine solche Pauschalisierung erlaubt sein – verweigern sich derzeit der Zukunft. Sie

Der demographische Ohnemichel

„In den meisten Umfragen zur Stimmungslage der Nation findet sich schon seit längerem ein sogenannter 'Forderungsüberschuß'. So legen 78 Prozent der Bundesdeutschen Wert darauf, daß Kinder in der Nachbarschaft leben – aber die Geburtenraten sinken. 71 Prozent wollen Opfer für den Umweltschutz bringen – kaum einer tut es. 78 Prozent wollen mehr Hilfsbereitschaft im Alltag – kaum einer praktiziert sie." (Süddeutsche Zeitung, 1991)

sind einseitig auf Glück und Unglück ihrer Vergangenheit orientiert, sie leiden unter einer Art Historisierungszwang.

Diese störrische Nostalgie, die sich im wesentlichen auf die Formel reduzieren läßt, früher sei alles besser, zumindest aber alles klarer und eindeutiger gewesen, ist mehr als nur ein Überbauphänomen. Es schafft Fakten. Wo alle sich jammernd zurückziehen, werden die Probleme stets größer.

Der Katzenjammer hat die fatale Tendenz, jede Krise auf dem Wege der Prophezeiung, Verweigerung und Beschwörung noch zu verstärken. Um diesen Mechanismus – und die Ursachen – wirklich zu verstehen, müssen wir noch einmal in die Vergangenheit schauen, in die alte Bundesrepublik.

Gleichheit

Die Deutschen nach dem Krieg waren ein nivelliertes Volk. Die Idee der Gleichheit hat sich aus Nationalsozialismus und Trümmern in den modernen Sozialstaat hinübergerettet.

Als der Parlamentarische Rat im Jahre 1948 in Bonn am Rhein die Verfassung der zweiten deutschen Republik (West) entwarf, war ihm nicht nur das Nazireich vor Augen, sondern auch die Weimarer Republik mit ihrer fragilen Ökonomie, ihrer hauchdünnen Mittelschicht, die der Polarisierung nichts entgegensetzen konnte. Man beriet in einer historisch einmaligen Situation. Nie zuvor hatte in einer Gesellschaft eine derartige Tabula rasa geherrscht, selten ein so hohes Maß an faktischer **Gleichheit** der Bürger. Und nie zuvor konnte man mit einer Verfassung die Feinmechanik einer Gesellschaft so gründlich beeinflussen.

Die Väter des Grundgesetzes haben ganze Arbeit geleistet. Nicht nur, daß sie Paragraphen formulierten, die in ihrem liberalen Geist geradezu sensationell waren, wie etwa die Passage über das politische Asyl. Gemeinsam mit anderen gesellschaftlichen Kräften – und weit über die Verfassung hinaus – schuf man damals ein feingesponnenes, wohlaustariertes Netz an Mitbestimmungsrechten, Kontroll- und Korrektivinstanzen, dessen Sinn und Zweck vor allem Konfliktkontrolle war, Umverteilung, Abfederung sozialer Ungleichheiten, Kontrolle der Kontrolleure und so fort. Resultat war eine politische und ökonomische Prosperitätsmaschine, eine Musterdemokratie, die auf der Welt ihresgleichen suchte und innerhalb zweier Jahrzehnte eine moderne Mittelklassegesellschaft ganz neuen Typs schuf.

Wirtschaftswunder nannte man das damals, aber es war natürlich alles andere als ein Wunder. Eine effektive Verwaltungsdemokratie mit eindeutig staatsplanerischen Zügen bügelte die demokratischen Defizite der Deutschen West aus. Kapitalistische Dynamik entfaltete sich auf einer quasisozialistischen Grundlage. Nehmen wir, als kurzes Beispiel nur, die Wohnungsbaupolitik: Ende der fünfziger bis Mitte der sechziger Jahre pumpte der westdeutsche Staat mittels einer waschechten Zwangsanleihe dreißig Milliarden Mark in den Wohnungsbau. Ergebnis: Die Ware Wohnen blieb unnatürlich billig, bis weit in die achtziger Jahre hinein.

Das **Modell Deutschland**, das aus dieser Prosperität entstand, bezog seinen Treibstoff aus lauter historischen Anomalien. Da war der Verdrängungswille der Kriegsgeneration, die ihre Schuldgefühle in jenem Fleiß kompensierte, der der Wirtschaft erst ihre Schub-

Modell Deutschland

Dreißig Jahre lang lief im Westteil der Republik ein Programm zur „Vermittelklassizierung“. Der Preis dafür: die geschlossene Gesellschaft.

kraft verlieh. Da war eine de facto nicht vorhandene, also auch nicht riskante Außenpolitik – die Bundesrepublik Deutschland blieb ja drei Jahrzehnte lang tatsächlich ein Vasall der USA. Und es gab eine schöne, glatte **Mauer**, die obendrein den Vorteil hatte, daß sie von den anderen errichtet worden war, weshalb man sich ihretwegen kein schlechtes Gewissen machen mußte darüber.

Mauer

Die Mauer beschützte die Westdeutschen vor der Armut und der Melancholie des Ostens. Sie war ein Instrument zur Ausgrenzung des östlichen Elements in der deutschen Kultur.

Erstaunlich auch, wie integrationsfähig dieses Modell war, wie es Widerspruch für seine Zwecke geradezu benötigte. Die antiautoritären Polarisierungen und Revolten machten das Modell Deutschland am Ende nur geschmeidiger, sie schleiften jene unproduktiven Ballaststoffe, die aus der alten wilhelminischen Kultur übriggeblieben waren. Mit Kadavergehorsam konnte man schon in den Siebzigern keine Fabrik mehr leiten, die Frauen wurden als Arbeitskräfte gebraucht, der Selbstverwirklichungshedonismus förderte den Konsum – drei Jahrzehnte lang trugen selbst die Revolten zum wirtschaftlichen Wunder bei.

Jede Gesellschaft verfügt über ein bestimmtes, in langen historischen Erfahrungen erlerntes Wertset, das gleichzeitig ihre Konflikte reguliert. Jede Gesellschaft hat auch eine innere Utopie, deren Konfiguration ihr nicht immer ganz bewußt ist. Der Konsens der späten Westrepublik läßt sich mit der Formel „Wertewandel plus Wachstum" beschreiben. Die Bundesrepublik blieb, trotz Kohl und Konsorten, immer eine ursozialdemokratische Gesellschaft, ja sie wurde es in den Achtzigern noch mehr. Der Lobbyismus ging eine heilige Allianz mit der Emanzipation ein, der alte Harmonismus der Deutschen, ihr Hang zur Gleichheit und zum nationalen Pathos wurden in ökonomisch harte Fakten umgelenkt. Das filigrane Netz zur Verteilung des Reichtums und Verhinderung der Konflikte wurde immer dichter, immer besser gesponnen, und so befand man sich am Ende der Achtziger im Geiste bereits in einer Zivilisation, die sich scheinbar von ihren materiellen Grundlagen ab- und modernsten Überbau-Themen zuwandte. Am Ende des letzten Jahrzehnts hatten Qualitative den Diskurs erobert: Lebensformen, Stile, die Ökologie, die Feinheiten des Geschlechterverhältnisses, kulturelle Detailfragen. Aber Armut? Elend? Krieg? Das gab es höchstens im Fernsehen.

Um keine Mißverständnisse aufkommen zu lassen: Auch ohne Wiedervereinigung zeichnete sich das allmähliche Ende des westdeutschen Sonderweges ab. Der Hedonismus, unsere große, süße Alltagsreligion, unterminierte genüßlich die Fundamente des Wohlstandswunders. Die Deutschen lernten Italienisches; Steuerbetrug, Schlendrian, Urlaubswut und kleiner Beschiß, Abzocken, wo es nur ging – das wurden die Tugenden der späten Achtziger. Aber richtig mit der Welt konfrontiert wurde die deutsche Gesellschaft nicht. Ihr Dezentralismus machte sie provinziell. Sie verfügte über keine vitale, rauhe Metropole, die auch ein Stück Außenwelt im Herzen einer Nationalkultur repräsentiert. Sie hatte keine Übung im Umgang mit dem Fremden. Sie wiegte sich in dem Bewußtsein, eine der zivilsten Gesellschaften der Welt zu sein, aber dieser Status

Stadtkultur

In Deutschland fehlt seit dem Zweiten Weltkrieg eine Metropole, die immer so etwas ist wie ein Stützpunkt der Weltkultur im Nationalstaat.

war nie erlernt, erkämpft, er war gegeben worden. Und etwas ganz Entscheidendes hatten die Deutschen auf beiden Seiten der Mauer vergessen: das, was sie im tiefsten Kern als Deutsche ausmacht, die Ost-West-Schizophrenie.

Ost-West-Dilemma: Eine unsichtbare Grenze läuft mitten durch Deutschland. Sie hat, im guten wie im schlechten, unsere Geschichte und Kultur geprägt. Der Westen und der Osten – das sind mehr als bloße geographische Zuordnungen. Es ist zugleich lange gewachsene und tief verwurzelte Differenz der Mentalität, des Denkens, des Lebensgefühls; eine Spaltung, die Energie und Zerstörung freigesetzt hat. Sie ist, wenn es so etwas überhaupt geben kann, die Substanz des deutschen Wesens – Fluch und Privileg zugleich.

Gewiß: Die großen Städte des Ostens, Petersburg, selbst Moskau, allemal Prag und Budapest, hatten ihre glanzvollen, „westlichen" Episoden. Aber sonst gilt wie ein ewiges, unwiderrufliches Gesetz, daß wer in Europa nach Osten reist wie auf einem historischen Schienenstrang rückwärts in die Geschichte fährt, in eine alte, bäuerlich-feudal geprägte Welt der langen Wege und Winter, der Passivität und Melancholie.

Das sind Klischees, gewiß, aber wie so oft bei Klischees halten sie mühelos der Realität stand. Und es bedarf keiner Vererbungstheorie, um das fast schon genetische Element des Ostens zu erklären. Es ist in Jahrhunderten der Despotie angelerntes Verhalten, es ist eine Überlebensstrategie, einschließlich all seiner devoten, obrigkeitshörigen Elemente, die vor allem das

Ost-West-Dilemma

Der Mauerfall hat nun schlagartig vor Augen geführt, wie nötig die Westbindung war, um die alten deutschen Gespenster zu besiegen – und wie östlich wir eigentlich immer noch denken und fühlen.

Handaufhalten gelernt haben. Gibt es also etwas wie eine übergreifende Mentalität, in der sich östliches und westliches Element auch nach vierzig Jahren getrennter Wege zu Deutschem verbinden? Wer sich jemals längere Zeit im westlichen Ausland aufgehalten und von dort zurück auf seine Heimat geblickt hat, kann ein Lied davon singen.

Da ist zunächst ein starker kollektiver **Glaube an den Staat**, an eine gesellschaftliche Instanz, die Konflikte, Verwerfungen, Probleme gefälligst zu lösen hat. Wenn nicht, fühlen wir uns allesamt betrogen und beginnen schnell, die Betrüger, Idioten, Versager „da oben" zum Teufel zu wünschen.

Zweitens eine merkwürdige Betonung **kultureller Ewigkeitswerte**, die bisweilen wütende Verteidigung eines irgendwie gearteten Erbes, einer kulturellen Tiefe, die sich allerdings bei näherem Hinsehen mehr oder minder in nichts auflöst und vielleicht gerade der Angst entstammt, keine eindeutige kulturelle Wurzel zu haben. Implementiert ist eine Verachtung des Profanen, Normalen, Alltäglichen, des Bürgerlichen. Ein altes elitäres Pathos schwimmt da mit, ein Dünkel gegen die kleinen Leute, gegen die Massen, der immer dann kreuzgefährlich wird, wenn kleine Leute und Massen ihn auf ihre Fahnen schreiben.

Drittes Element ist ein **Überhang des Schwärmerisch-Utopischen**, kombiniert mit einem seltsamen Hang zur Depression. Man liebt hierzulande große Würfe, Utopien, Erlösungen jeder Art, Weltmodelle, die rund sind und keine Widersprüche mehr kennen. Da wir

**„Dann könnte eine Zeit kommen, in der die Menschen bereit sein werden, Dinge zu tun, die heute noch kein Politiker von ihnen zu fordern wagt.
Zu überlegen, wie man christlich heizt, was das Fahrrad mit der Schöpfung zu tun hat, wie man dieser Gesellschaft die Steuerhinterziehung austreiben kann. Was uns heilig ist. Wie man Großfamilien gründet." (Mathias Greffrath in der *Wochenpost*)**

aber dem Utopischen immer nur hinterherhasten können, da wir immer scheitern, sind wir dazu verurteilt, ständig nach Verrätern zu suchen. Wenn wir sie nicht finden können, fallen wir zurück in eine dumpfe, apokalyptische Unkenruferei.

Diese drei Phänomene reflektieren exakt das Unverdaute an der deutschen Geschichte. Punkt eins – er macht einen großen Anteil des Katzenjammersyndroms aus – repräsentiert nichts anderes als den alten antidemokratischen Fluch.

Politikverdrossenheit: Der autoritäre Ohnemichel der Nachkriegsgeschichte hat sich umstandslos in den ach so kritischen Staatsbürger von heute verwandelt. Aber in der Politikverdrossenheit liegen auch enorme Gefahren. In der Verachtung gegen die da oben zeigt sich auch die alte populistische Fratze. Im Sauberkeitswahn gegen alles, was irgendwie nach Korruption, Unglaubwürdigkeit auszusehen scheint, lugt auch wieder der alte deutsche Fanatiker hervor. Man kritisiert die Herrschenden, aber dahinter steht die unbewußte und unbewältigte Sehnsucht nach Erlösern. Anders als die Italiener, Franzosen, Amerikaner, Engländer hat man nie gelernt, stoisch damit umzugehen, daß die Politiker die Welt nicht wirklich verändern können. Man ist nicht bereit, auf seine eigene Nase zu schauen – um so bereitwilliger geifert man gegen andere.

Die zweite Facette erklärt die kulturelle Komponente des Katzenjammers: Die Deutschen – Ost wie West – wurden durch die Wiedervereinigung gleichsam über Nacht in eine moderne Mediengesellschaft ge-

Politikverdrossenheit

Die Verachtung der Deutschen gegen ihre Politiker, die manchmal fast geifernde Sucht nach Skandalen tragen auch Züge des alten deutschen Sauberkeitswahns.

beamt, mit der sie nur schwer umgehen können. Wir erinnern uns: Das Fernsehen diente hierzulande der demokratischen Edukation, lange Jahre lang vermittelte es einen wohlerzogenen, feuilletonistischen, um die Mitte kreisenden Common sense. Das war äußerst komfortabel, stärkte aber auch die konsensuele Illusion, die Vorstellung, daß Gesellschaft immer etwas Friedliches, Harmonisches sein muß, etwas ohne Kanten und Brüche, eine endlose, brave Talk-Show, in der die Lehrer den Ton angeben.

Auch das dritte Phänomen – der idealistische Überhang – ist Teil der Katzenjammerei. Zu jenem eher trockenen Pragmatismus, der zu demokratischen Gesellschaften unbedingt dazugehört, haben wir kein Talent. So bildet sich zwangsläufig eine Leidenskultur, die Gesundungskräfte unterdrücken muß.

Erwachsenwerden: An dieser Stelle könnte es sinnvoll sein, den politischen Kategorien mit etwas psychologischem Vokabular auf die Beine zu helfen. Natürlich ist der deutsche Katzenjammer nichts anderes als eine Regres- sionserscheinung. Wir, die Deutschen, weigern uns, erwachsen zu werden.

Zum Erwachsenwerden muß zunächst einmal unser Weltbild irgendeine Entsprechung in der Realität finden. Die behütete gesellschaftliche Welt, in der wir vierzig Jahre lang in Ost wie West gelebt haben, war – das ist Realität – eine endliche Episode, eine demokratische Kinderstube, ein sozialdemokratisches Labor, gebaut auf dem Sand im Beton der Mauer. Die Errungenschaften unseres Wohlstandes, von der Wohnmo-

Erwachsenwerden

Eine erwachsene Gesellschaft muß die tiefen Brüche, Risse und Ungleichzeitigkeiten in ihrem Inneren aushalten. Darin haben wir Deutschen wenig Übung.

bilität über das Gesundheitswesen, vom Kreuzberger Kiezidyll bis zur hochsanierten Fußgängerzone, waren Produkte dieser nach praktisch allen Seiten geschützten Enklave, in der wir, durch einen Hattrick der Geschichte (gemeint sind erstens die Westbindung, zweitens die Mauer und drittens das durch den Zweiten Weltkrieg zwangsläufige Fehlen einer eigenständigen Außenpolitik der Bundesrepublik Deutschland), ungestört Demokratie üben konnten – auch das ist Realität.

Realität ist außerdem, daß wir auf einem endlichen Planeten wohnen. Das Fernsehen sendet seit etwa einem Jahrzehnt bis in die entlegensten Winkel dieses Planeten Bilder schöner, reicher Männer und Frauen, die edle Getränke trinken, wunderbare Autos fahren und teure Kleider tragen – man wäre regelrecht bescheuert, wenn man nicht zu Fuß, zu Wasser oder in der Luft in dieses Leben zu gelangen trachtete. Ein feingesponnenes Netz an Mobilität umspannt den Planeten, die es verunmöglicht – auch das ist Realität –, die Bewegungen der Milliarden Menschen zu kontrollieren.

Realitätsschock: Wer teilhaben will am weltweiten System der Warendistribution, der wird über kurz oder lang um jenen Typus offener Gesellschaft nicht herumkommen, der sich immer mehr als westliches Standardmodell durchsetzt. Man könnte diesen Typus auch Weltkultur nennen.

Es ist schwieriger, als man glaubt, diesen „Prototypen“ zu beschreiben. Es wimmelt in ihm nämlich von Widersprüchen und Ungleichzeitigkeiten. Ohne Zweifel

Realitätsschock

Der Realitätsschock der Deutschen hat mit ihrer Harmoniesüchtigkeit zu tun. Und mit ihrer Schuldangst. Nach dem Dritten Reich wollten sie niemals mehr schuldig sein. Doch in der modernen Welt ist Schuldlosigkeit faktisch unmöglich.

kommen die Vereinigten Staaten von Amerika – als originäre Einwanderergesellschaft – dem Weltdemokratiemodell am nächsten. Andererseits dürften bestimmte Wertewandel bei uns – wie etwa der erstaunlich hohe Stellenwert der Ökologie – nicht nur Modeerscheinungen gewesen sein, sondern mit der inneren Logik eines seit langem dichtbesiedelten Landes zu tun haben (das Thema wird in den nächsten Jahren auch in Amerika an Stärke gewinnen).

Einiges allerdings ist gewiß: Das Verhältnis zwischen Armut und Reichtum wird sich irgendwo bei der berühmten Zweidrittelgrenze einpendeln. Es wird eine Sklavenkaste illegaler Immigranten geben, die für Hungerlöhne jede niedrige Arbeit verrichten. Die Verteidigung des Reichtums wird auch mit Überwachungskameras und hohen Zäunen stattfinden. Eine mehr oder minder ratlose Polizei, Staus auf allen Hauptverkehrsstraßen und ein rauhes, ruppiges Alltagsklima gehören wohl zwangsläufig dazu. Im Osten wird sich noch auf viele Jahre eine Art frühe Sechziger-Jahre-Gesellschaft halten, mit regressiven Zügen und einigen kleineren Kernen von Wohlstand und Aktivität.

Aber muß diese widersprüchliche Gesellschaft automatisch jeder Qualität entbehren? Ein Skandal wird sie ja nur, wenn man die Grenzen des eigenen Landes als Horizont definiert, wenn Gleichheit der finale Wert ist. Aber gerade der Zwang zur Gleichheit wirkt in einer planetaren Gesellschaft undemokratisch, denn er läßt den Habenichtsen, die nach oben wollen, keine Chance. Er muß sie, mental und körperlich, aus der Gesell-

„Die Westdeutschen stehen vor einer großen Entscheidung: Entweder sie beginnen zu den aufgelaufenen Kosten ihrer Lebensweise ja zu sagen. Dann werden sie reaktionär, schmeißen die Asylbewerber raus, geben den Umweltschutz weitgehend auf, lassen die Ossis am ausgestreckten Arm verhungern, verschieben die Kosten der Wirtschaftskrise nach Süden. Oder sie ändern ihre Lebensweise und werden bescheidener. Liberal reden und zerstörerisch leben – das geht auf die Dauer nicht.“ (Bernd Ulrich in der *Wochenpost*, Juni 1993)

schaft ausschließen, sie als Skandal definieren, den man schleunigst wegmachen muß. In dieser Wegmachen-Logik unterscheiden sich Rechte im Grunde nicht von Linken. Die Betroffenheitslogik des linken Milieus ist nichts anderes als ein emotionales Signal, daß man sich von Armut gestört fühlt.

Weltkultur

Die Gesellschaft der Zukunft wird sich nicht mehr isolieren können wie noch die europäischen Nationalstaaten vor dem Krieg. Es läuft auf die Alternative Weltgesellschaft oder Bürgerkrieg hinaus.

Weltkultur: Die deutsche Gesellschaft wird also um eine wirkliche, auch innerliche Öffnung nach außen nicht herumkommen. Wie in einem Hologramm, in dem die einzelnen Teile auch Informationen über das Gesamtbild beinhalten, definiert sich eine offene Gesellschaft immer in bezug auf den gesamten Planeten. Sie beinhaltet ein Stückchen Erste, Zweite, Dritte und Vierte Welt, und das macht sie zumindest ehrlicher als unser verflossenes homogenes Idyll. Man kann jetzt nicht mehr so einfach mit Gesinnungslogik immer nur recht haben. Man kann nicht mehr von Dritter Welt faseln – sie ist einfach schon da. Diese offene, wirre, aber auch lebendige Gesellschaft könnte am Ende Wirkungen auf die Psyche haben, die keinesfalls nur verheerend sind. Einige, die sich in das Abenteuer wirklich großer Städte gestürzt haben, berichten oftmals von einer Art Reinigungsprozeß. Harte Soziotope fordern vitale Kräfte heraus, die man vorher gar nicht ahnte. Sie zeigen uns, was Sache ist.

Das Ende unseres Nachkriegsspuks hat ja auch Denkblockaden aufgerissen. Manchmal, an klaren Tagen, kann es einem auch scheinen, als ob die Sicht auf die Berge wieder frei geworden wäre. Die verquasten Anti-Anti-Logiken, die postmodernen Verschwurbelungen, in die wir in den achtziger Jahren hineingeschlittert sind und in denen alles irgendwann nur noch ein Zitat eines Zitats eines Zitats war, lösen ihre Fesseln. Und demjenigen, der nach ein wenig Optimismus sucht – ein Bedürfnis, das ich für legitim halte –, sei gesagt: Es gibt widersprüchliche, kaputte, hoffnungslose Gesellschaften, die vor Vitalität und Lebenslust geradezu platzen.

„Wenn die Menschen in England arbeitslos werden, dann gehen sie fischen. Wenn sie in Deutschland arbeitslos werden, gehen sie zu den Nazis", sagte einst der Historiker Zvi Yaretz.

Ob das wirklich so ist, hängt von dem Verdauungsprozeß ab, das heißt davon, wie die Deutschen in den nächsten Jahren mit ihrem Modernitätsschock umgehen. Entwickeln sie die notwendigen demokratischen Muskeln, die sie auch Ungleichheit und Polykulturalität ertragen lassen?

Zweite Amerikanisierung: Wenn es nicht gelingt, ein demokratisches Ideal in dieser sehr viel widersprüchlicheren Gesellschaft zu etablieren, ein innovationsfähiges Ideal, das trotz aller Widrigkeiten die Idee eines vernünftigen Umgangs miteinander wachhält – so wie das in der amerikanischen Gesellschaft immerhin klappt –, dann wird diese Gesellschaft nicht nur eine vorübergehende Rezession haben, sondern in eine langandauernde Agonie hineinschlittern.

An diesem Punkt ist die Wirtschaft, die in der Nachkriegszeit ja ebenfalls von den isolationistischen Privilegien profitierte, ebenso gefordert wie die übrige Be-

Zweite Amerikanisierung

Erst jetzt, in den wirren Neunzigern, beginnt die eigentliche, die wirkliche Amerikanisierung Deutschlands. Ob wir das wollen oder nicht.

völkerung auch. Mehr noch: Jetzt, wo die Politik hilflos geworden ist, fallen der Industrie Aufgaben zu, die ihr bisher völlig fremd waren. Sie ist heute mittendrin im Konzert der Werte.

In der ersten Runde hat sie sich dabei schwergetan. Der erste Marsch nach Osten hat einen faden Geschmack hinterlassen – zu viele Supermärkte, zuviel schnelles Abzocken. Der fast schon utopische Charakter, den die freie Marktwirtschaft nach dem Fall des Eisernen Vorhangs hatte, ging darüber verloren.

Und dennoch stellt sich gerade heute, zu einem Zeitpunkt, an dem die Systemfrage endgültig beantwortet zu sein scheint, eben diese Systemfrage radikal neu. Mit Feind und Grenze lebte es sich für uns alle höchst angenehm. Jetzt hat sich diese Grenze nach innen verlagert. Sie geht mitten durch die Betriebe, durch die Gesellschaft, durch die Köpfe hindurch.

Der dritte Weg: Die Industriekultur von morgen wird sich nicht mehr auf das Inszenieren klassischer Konzerte auf dem Roten Platz beschränken können. Sponsoring war nur eine Verlegenheitslösung, die wackeren Versuche der Werbung in den letzten Jahren, gesellschaftliche Themen aufzugreifen, waren nur ein Anfang. Wenn unsere gesellschaftliche Welt nicht tatsächlich zerbrechen soll, muß die Industrie Philosophen und Philosophien hervorbringen, Denker und nicht nur Strategen anziehen und ausbilden. Sie muß Meinungsführerschaft bekommen, wo sie bislang im verborgenen blieb und sich aus Angst vor Kritik zurückzog. Auch sie wird ihren Katzenjammer durchleben

Der dritte Weg

Ausgerechnet in den USA gibt es derzeit eine wachsende Bewegung von zivilen Betrieben, die per Mitarbeiterbeteiligung, Zeitkosten, offener Bilanz und einem Lessness-Prinzip einen dritten Weg zwischen Kapitalismus und Sozialismus versuchen. Der Schwerpunkt der Bewegung liegt in Missouri, wo der Prophet des dritten Weges, Jack Stack, sein Hauptquartier hat.

müssen, denn im verborgenen, hinter den Steuern dunkelverglaster Limousinen und im Schutz überkommener Vorstellungen, lebte es sich doch irgendwie angenehmer. Aber hören wir nicht auch einen vielstimmigen Chor von anderen Tönen, die von einer Welt künden, in der Wirtschaft nicht mehr synonym mit Geldmachen ist, sondern vitaler Teil des menschlichen Lebens?

WELT DER DINGE

Einige Kultgegenstände der Mittneunziger. Warum Waren auch Zeitzeichen sein können...

Trendforschung beschäftigt sich mit Waren. Das stimmt und ist doch nicht genug: Betrachtet man Waren ausschließlich unter Warengesichtspunkten, läuft alles auf ein im Grunde langweiliges Spiel von Nachfrage, Werbung und Durchsetzungskraft von Produzenten hinaus. Aber unzählige Beispiele zeigen, daß der mächtigste Werbemitteleinsatz, das cleverste Marketing versagen müssen, wenn das Produkt nicht „das gewisse Etwas" hat.

Man denke nur an den sagenumwobenen Erfolg von Coca-Cola. Man kann ihn ganz und gar ökonomisch erklären: Ein simples Bedürfnis (nach Limonade) wurde über mehr als ein Jahrhundert geschickt vermarktet. Geld kam zu Geld, Geld schuf Marktmacht. Fertig ist die Brause.

Aber damit ist eben noch gar nichts erklärt. Aus welchem Stoff besteht dieses Mehr, das einer simplen Limonade einen fast religiösen Charakter verleiht? Was machte das Coca-Cola-Zeichen schon in den Zeiten vor der massiven Fernsehwerbung unserer Tage zu einer Chiffre, zu einer „Welt", die quer über den Globus jeder versteht? Die Levis-Jeans, der VW-Käfer in den Siebzigern, der Alessi-Kessel und die Ray-Ban-Sonnenbrille in den Achtzigern – das waren kulturelle Warensymbole, die sich wahrscheinlich selbst dann noch gut verkauften, wenn der Produzent keine müde Mark für Werbung ausgeben würde.

Eines ist sicher: Kultprodukte, lassen sich nicht einfach „machen". Die Versuche in den Achtzigern, den Kultcharakter über massiven Werbedruck von oben zu verordnen („Der neue Kultriegel mit dem garantierten Hip-Effekt"), brechen spätestens jetzt, Mitte der Neunziger, in sich zusammen. Und der Produzent steht am Ende einer langen Investitionsphase vor der bitteren Tatsache, daß, sobald er den Druck an der Werbefront reduziert, der Umsatz proportional einbricht und sich am Ende die gesamte Markteinführung als ein Nullsummenspiel herausstellt. Ein „künstliches" Produkt ist entstanden, dessen Lebenserwartung bei null liegt.

Wie kommen solche Mißerfolge zustande, wo doch alle Marketingberater unserem Produzenten klar und deutlich dargelegt haben, daß dieses Trendprodukt einfach die Bombe bei den, sagen wir, Vierzehn- bis Neunzehnjährigen werden würde? Die Gründe liegen im fundamentalen Mißverständnis, in einem überzogenen Glauben an die Macht des Marketing und einer Unterschätzung des „Eigensinns der Kultur". Dinge der Zeit entstehen tief im Bauch der Gesellschaft, sie gehören zunächst einmal dem Konsumenten – wir sollten hier besser Bürger sagen – in seiner Eigenschaft als Erzeuger von Alltagskultur, als Liebhaber seiner eigenen Symbole und Zeichen. Wer sie ihm – und dies war eine typische Marotte der Achtziger – frühzeitig entreißt, sie im Sinne einer Maximierungsstrategie lautstark vermarktet und nun mit bombastischem Getöse auf den Konsumenten losläßt, handelt sich massive Imageprobleme ein. Zur Kultur der Waren gehört eben auch eine gewisse Diskretion, ein feiner ethischer Konsens zwischen Konsumenten und Produzenten, dessen subtile Regeln man nicht ungestraft in Frage stellen darf.

Kultgegenstände zeigen sich, lange bevor sie zum Allgemeingut werden, auf der Oberfläche der kulturellen Zeichenwelt. Wer Augen dafür hat, kann sie förmlich „wachsen" sehen. Ihre eigentliche Schubkraft, ihr Nährboden sind die tiefer gehenden gesellschaftlichen Trends. Und: Sie vergehen nicht. Echte Kultgegenstände haben klassischen Charakter, sie sind ewig. Auch wenn sie später eine Weile in Vergessenheit geraten – sie kehren zehn, zwanzig, dreißig Jahre später garantiert wieder, in veränderter Form vielleicht, aber dennoch klar und deutlich in ihrer alten Bedeutung.

Darum geht es im wesentlichen bei der Trendforschung: herauszufinden, welche „Tiefenkonnotation" in einem Produkt, einem Ding steckt, welches seine „heraldische Funktion" (Friedrich Heubach) ist oder sein könnte, wie es sich in die Chiffrensysteme unserer Gegenwartskultur einfügen. Wir haben im folgenden Gegenstände ausgesucht, die Anfang der neunziger Jahre eine symbolische Aufladung erfahren haben. Sie dienen auch als Beispiele für die Materialisierung der genannten zwölf Haupttrends.

Die goldene Sonne

Von allen Goldgegenständen, die 1992/93 unsere Warenwelt überschwemmten – Gold war eine Zeitlang die Farbe schlechthin –, hat die Sonne ihren Platz am Olymp der Ikonen am sichersten gefunden. Kaum ein Schaufenster, in dem sie nicht zu sehen ist, aus Pappmaché und Metall, comichaft oder archaisch, klein und groß. Die goldene Sonne ziert Gürtelschnallen und Vorhangstoffe, Schuhe und Handtücher, Badezimmer und Wände, und meistens lächelt sie wie in einem Kindertraum. Ihre Botschaft ist klar und einfach: Sehnsucht nach Glück. Sie ist Antithese zum großen Katzenjammer, hat mit Regressionskultur zu tun, und auch ein Fin de siècle Aspekt steckt in ihrem Erscheinen. Man assoziiert Wärme mit ihr in einer zunehmend kalten Gesellschaft, aber auch einfach körperliche Wärme - ihre rasende Vermehrung begann nach dem Jahrhundertsommer 1982, als Deutschland fast tropisch-heiter wurde.

Die Tütenlampe

Vorbei die Hochzeiten der schweren Schränke, der mattglänzenden Raumschiff-Küchen, der chromglänzenden Deckenfluter. Aber auch der Verkaufserfolg der klitzekleinen Halogenstrahler an Strippen hat seinen Zenit überschritten. Möbel in den Neunzigern werden kleiner, mobiler, „singulärer“, sie entfernen sich wieder vom No-Design, von der technizistischen Kälte, sie entwickeln wieder eigenständigen Charme, eine Botschaft. Und plötzlich, im Jahre 1992, taucht ein kleines, fast nostalgisch anmutendes Möbel wieder auf, das jahrelang völlig verschollen war: die Tütenlampe. Dieses Nonplusultra der fünfziger Jahre, einst als spießig gebrandmarkt, kommt in klarer, reduzierter Form zurück. Schlicht, fast ein wenig rührend, beleuchtet es die Singlekultur der Mittneunziger und erzählt eine kleine Geschichte von der Sehnsucht nach neuer Gemütlichkeit...

Origins

Das neue Kosmetik-Label aus Amerika ist so etwas wie ein Pionier des Purifikationskultes: Origins-Produkte sind teuer, basieren auf natürlichen Rohstoffen und vermitteln extreme Einfachheit, gepaart mit einem Ganzheitskonzept neuer Art. Es fängt bereits bei der Verpackung an: Recyclingpapier mit rauhen Strukturen. Die reduzierten, klassischen Flakons. Viele der Origins-Produkte arbeiten nach dem Prinzip des „Sich-selbst-überflüssig-Machens": Benutzt man sie, lernt die Haut wieder selbst, sich zu regenerieren. Diese radikale, fast antikonsumistische Haltung verschafft dem Produkt Glaubwürdigkeit - einer der entscheidenden Marketingfaktoren der Zukunft.

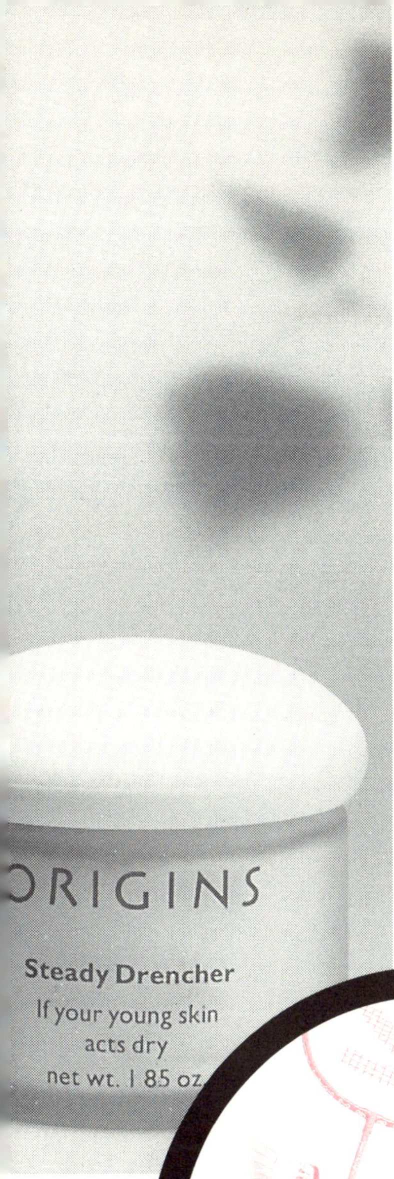

Federball

Die klassischen Boom-Sportarten der späten Achtziger waren Tennis und Squash. Tennis signalisierte die kollektive Aufstiegseuphorie dieser Zeit - jeder wollte in die Sphären der oberen Mittelschicht eintreten, und viele trauten sich dies auch zu. Squash war ideal für den harten Karrieristen, ein einsamer, schweißtreibender Sport in einem isolierten Glaskäfig, bei dem man allein oder zu zweit gegen eine Wand spielt. Badminton nun beendet diese Phase. Federball ist eine ideale Synthese zwischen hart und weich – und bringt als solche viele Attribute der Mittneunziger auf den Punkt. Es ist nostalgisch und natürlich - wer hätte nicht als Kind am Strand oder auf der grünen Wiese ein-mal Federball gespielt? Es ist demokratisch – jeder, ob alt oder jung, trainiert oder untrainiert, kann es spielen. Federball signalisiert Leichtigkeit, obwohl man ihn auch hart spielen kann – und dann wird ein echter, schweißtreibender Leistungssport daraus. Badminton erfordert weitaus weniger Regeln und Rituale, Kleiderordnung und Disziplin als das eher hierarchische Tennis – ein Volkssport im wahren Sinne.

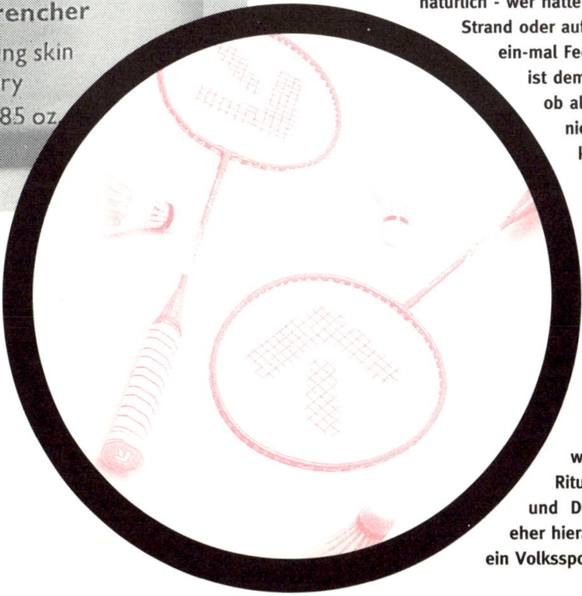

Keds und Profile

Turnschuhe entwickeln sich in den vergangenen Jahren immer mehr zu einem Statussymbol, einem Dokument der Lebenseinstellung. Sie signalisieren Mobilität, Dynamik, Jugend und Sportlichkeit – und befähigen den Träger, jederzeit stehenden Fußes die „Flucht" ergreifen zu können. Doch je mehr die Hersteller auf Hochtechnologie setzten – schockabsorbierende, weltraumgetestete Supertreter mit Schraubverschluß – desto mehr gerieten diese Schuhe aus der Mode. Neue Synthesen sind gefragt. Die einen wollen auf den Tragekomfort nicht verzichten, dabei aber mehr Eleganz – diesen Sektor haben Keds am vornehmsten und konsequentesten besetzt. Die anderen wollen mit beiden Beinen sicher in der feindlichen Realität stehen, Profil und Wehrhaftigkeit zeigen, die Domäne der Doc Martens. So gehen sie ihren eigenen Weg – auch abseits ausgetretener Pfade.

BILLY!

Ein gutes Beispiel für ein klassisches schlichtes Kult-Comeback: Das Bücherregal Billy war in den Siebzigern und Achtzigern ein studentischer Fetisch - gerade weil es so nüchtern, so „unmodisch" einherkam. Es war aufgeladen mit unzähligen studentischen Jugenderinnerungen. Als Ikea es Anfang dieses Jahrzehnts vom Markt nahm, gab es in den deutschen Feuilletons plötzlich ellenlange Verherrlichungen der guten, alten Intellektuellenzeit, als wir alle kein Geld, aber viele Bücher hatten. Ikea tat das einzig Richtige. Es hielt sich vornehm zurück, was die werbliche Besetzung des Themas betraf, brachte Billy aber wieder auf den Markt – unverändert. Selbst einen Formaldehyd-Skandal überstand das stoische Regal. Was im umweltkritischen Milieu seiner Käufer schon etwas heißen will!

f6

Als die Mauer fiel, dachte man, es sei zu Ende mit den ostdeutschen Marken. Zu billig, zu schlecht, zu sehr mit dem Stigma des Mangels behaftet, obendrein in einer Verpackungs- und Produktästhetik gehalten, die aus den späten Fünfzigern zu stammen schien und nichts, aber auch gar nichts Zeitgerechtes mehr beinhaltete. Irrtum! Der Nostalgietrend vermischt sich mit einem trotzigen Bedürfnis nach einem „kulturellen Separatismus", und dies drückt sich auch in Kaufentscheidungen aus. f6 zum Beispiel, die konsequenteste Nostalgiemarke der Ex-DDR, erlebt drei Jahre nach dem Mauerfall ein glorioses Comeback. Das ist eben „unsere" Marke.

Das Powerbook

Anfang der Neunziger wurde der portable Computer zu einem Statussymbol für den modernen, mobilen Menschen. Allerdings signalisierte es gleichzeitig „Achtung, Karrierist!“, sein Image war also gespalten. Der Apple Macintosh hingegen galt immer schon als Signum für den modernen, spielerischen, polyglotten Kreativen. Als Apple 1991 seine Portable-Serie herausbrachte, begann gleichzeitig die Geschichte eines technologischen Objekts der Begierde. Apple schaffte es, der eher steifen IBM-Welt ein eigenständiges kulturelles Artefakt entgegenzustellen, ein „Tool“ und kein reines Arbeitswerkzeug, ein Inspirationsgerät und keinen Numbercruncher. Kein Zweifel: Wer heute ein Powerbook sein eigen nennt, besitzt damit eine Eintrittskarte in die Moderne, in die Welt der planetaren elektronischen Demokratie. Vernetzung statt Hierarchie, multiples Denken statt strikter Logik, dazu ein kleiner Touch Hippie-Geschichte – die richtige Mixtur für die Mittneunziger.

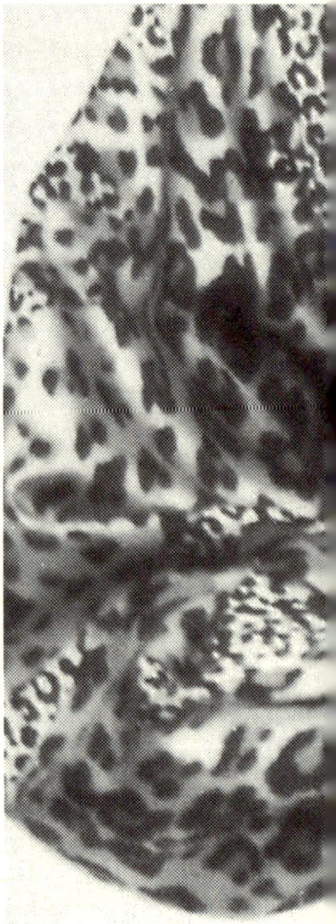

Leopard und Kuh

Das Raubtiermuster beherrschte die Modejahre 1991/92. Auf Taschen, Westen, Blusen, auf Bodystockings oder Catsuits signalisierte es die Botschaft der Frauen: Wir sind unberechenbar, wir sind nicht zu zähmen. Auf Sesselbezügen und auf Tischdecken aus Laminat bekam es eine neokolonialistische Note. Aber anno 1993 verschwand das raubtierhafte Muster plötzlich und machte einem neuen Pattern Platz: der Kuh. Schwarzweiße Kuhflecken prangten nun plötzlich auf Kissen, Decken, Bettbezügen, Schuhen, Miniröcken, Sesseln und Hemden. Ein typischer Fall von ironischer Antwort. Gegen die (ernste) raubtierhafte Botschaft der Frauen („Wir sind gefährlich!") setzte man die Verballhornung: „Wir sind blöde Kühe." Gegen die Eindeutigkeit eine lächelnde Volte, gegen das „so Gemeinte" ein witziges Zitat – typische subtile Formenspiele unserer Zeit.

Der Golf III

Seinen Erfolg auf die klassischen Argumente seiner Werbung – gute Verarbeitung, Wirtschaftlichkeit – zurückzuführen wäre natürlich das einfachste. Aber es ist mehr dran an ihm. Er ist eines der ersten deutschen Autos im klaren „Teddybärenstil", seine Rundheit, am Anfang noch belächelt, macht ihn zum sympathischen „Haustier". Die japanischen Zitate sind sichtbar, aber nicht übertrieben. Und trotzdem wirkt er nicht bieder, im Gegenteil. Im Jahre 1992 konnte man plötzlich ganze Rudel tiefschwarzer Golfs III mit getönten Scheiben in den vornehmen Vierteln der deutschen Großstädte entdecken. Ein Auto, das auf den klassischen Mittelschichtkäufer zielte, drang plötzlich massiv in den Markt der Luxusautos ein. Der neue Golf löste Saab, Mercedes, zum Teil auch BMW als Imageträger ab, er wurde chic. Nicht zuletzt hat dies auch mit Rezessionskultur zu tun: Die Abkehr vom Luxus übersetzte Begrifflichkeiten wie „solide", „dauerhaft" und „reell" plötzlich mit „Kultcharakter". Da es dazu noch ein modernes, aber reduziert-schlichtes Design gab, stand der Golf zum rechten Zeitpunkt im Schnittpunkt mehrerer Trends.

Dino

Dinosaurier sind das Symbol unserer Zeit. Dinosaurierausstellungen, Dinosaurierfilme, Dinosaurierthemenparks, Dinosauriermaskottchen, Dinosaurierspielzeug. In Amerika hat der Dino (sprich: „Daaaino") bereits den Teddybär als kindliches Symbol überrundet. Aber auch bei Erwachsenen zeigt sich zunehmendes Interesse an einer Spezies, die seit Jahrmillionen ausgestorben ist. Hier kommen mehrere Faktoren zusammen: Dinos können süß und kuschelig sein, sie eignen sich, da heute reine Kunstwesen, zu Projektionen jeder Art. Und sie sind ausgestorben. Eine bedrohte Spezies, die das evolutionäre Spiel verloren hat. Ist das der Grund, weshalb wir so viel romantische Sympathie für sie empfinden?

Starcks Bürste

Der französische Designer Philippe Starck ist ein echter Tausendsassa. Seine lustigen Designspielereien haben den Bierernst der Stilformen aus den Achtzigern aufgelöst und erzeugen in den Neunzigern eine neue Demokratie des postmodernen Designs. Nicht mehr das Repräsentative, aus Materialen wie Stahl, poliertem Aluminium, Samt und Marmor steht im Vordergrund, sondern das narrative Element. Starcks durch Massenproduktion preiswert gemachte Gegenstände erzählen alle eine kleine Geschichte. Und: Er traut sich an ganz alltägliche Gegenstände heran. Wie etwa an die Zahnbürste.

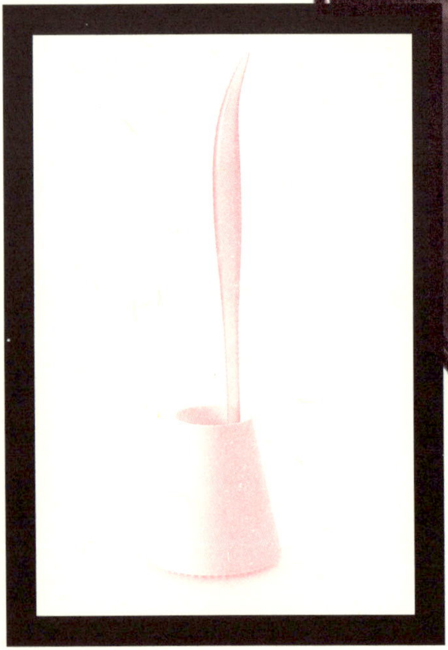

Die CD

Sie ist rund, flach und schillert. Sie wurde noch zu Beginn des Jahrzehnts verachtet und belächelt. Aber sie hat sich durchgesetzt, und zwar in weitaus mehr Bereichen als vorhergesehen. Nicht nur, daß sie die alte Vinylplatte als Tonträger praktisch bedeutungslos gemacht hat, jetzt dringt ihre enorme Speicherfähigkeit auch in die anderen Bereiche der neuen Multimediawelt vor: Videospiele, Informationsdatenbanken mit Bild und Ton, das elektronische Buch – die große Zeit der CD als universelles Speichermedium liegt noch vor uns.

Crystal Cola

Marktforscher gaben ihr zunächst keine Chancen. Und dennoch ist die transparente Cola von Anbeginn ein Erfolg gewesen. Ein Massenprodukt geht den purifikatorischen Weg: Transparenz und Klarheit, Durchblick und Reinheit sind entscheidende Issues der zukünftigen Warenwelten. So ist das transparente Getränk nur Teil einer ganzen Produktfamilie, deren Ästhetik auch auf andere Bereiche der Warenwelt übergreifen wird: Verpackung, Design, stoffliche Ausformung werden den Begriff der Transparenz in der einen oder anderen Weise immer wieder aufgreifen.

Mario

Ein Klempner macht Karriere: Mario ist das erste wirklich planetare Icon. Durch die explosionsartige Ausbreitung der Gameboys und das Comeback des Videospiels ist der wieselflinke Mario inzwischen vor allem in Japan bekannter als Mickymaus. Eine ganze Produktfamilie hat sich um Mario gruppiert: vom T-Shirt über die Zahnpasta bis zum Kinohelden. Damit ist das virtuelle Icon auch bei Erwachsenen angekommen – Vorteil dieser Charaktere aus dem Rechner ist die universelle Verständlichkeit über den Globus und durch alle Generationen.

Der Engel

Der Engel hat in den Mittneunzigern vielerlei Gestalt angenommen. Als goldene, pausbäckige Variante beschwört er in Schaufensterauslagen und als Wandschmuck, als T-Shirt-Aufdruck und Wandbespannung das kindliche Element in unserer Kultur; unsere Sehnsucht nach Unschuld, Aufgehobenheit, einer grenzenlosen, ätherischen Verspieltheit. Als ernste Figur taucht der Engel zunehmend in der Kunst und der Literatur auf; in Wim Wenders Filmen oder in Theaterstücken über Aids geriet er zum Leitmotiv. Hier symbolisiert er unser Verlangen nach Erlösung, nach einer magischen Transzendenz in millennarischer Zeit, nach einer mütterlichen, wärmenden Kraft in einer zunehmend als kälter und verwirrender empfundenen Zeit.

Eternity

Ein gutes Beispiel für die sanfte Rückkehr der Familie ist der überwältigende Erfolg des Parfüms Eternity. Das Parfüm war ein Bestseller, bevor es überhaupt auf dem deutschen Markt erhältlich war. Lange Zeit galt es als das Geschenk für den Liebsten, die Liebste. Man brachte es sich gegenseitig von allen Duty-free-Läden der Welt mit. Dazu war keine PR, keine aufwendige Kampagne nötig. Nicht der Flakon steht im Mittelpunkt, das Produkt kommt in der Werbung nicht vor. Keine Spur mehr von den typischen Achtziger-Gefühlen der Wildheit, der Ekstase, der Obsession. Statt dessen Schwarzweißbilder einer Familie und nur das Wort „Ewigkeit".

Die weiße Kerze

Noch vor zehn Jahren gab es sie aus Stearin allenfalls in den Kaufhausregalen. Aber jetzt ist dieses klassische Produkt des Purifikationtrends in den Designerläden allgegenwärtig. Die Produktion weißer Kerzen hat sich in den letzten Jahren vervielfacht, und immer neue Formen kommen hinzu. Vor drei Jahren tauchten die ersten Großformate auf – dicke Stehkerzen wie in Kirchen, die nach Gewicht und zu enorm hohen Preisen verkauft wurden. Die überlange, schlanke Form hat sich erst in den letzten Jahren durchgesetzt. Mit der weißen Kerze bekommt der eigene Lebensraum, die Wohnung, etwas Kathedralisches, sie wird zum säkularisierten Kirchenraum, in dem man alltägliche Andachten hält. Weiße Kerzen symbolisieren auch Unschuld, Frieden, Suche nach Harmonie und passen deshalb sehr gut in eine Zeit, in der unsere Industriekultur durch Zerfall und Kriege in Europa bedroht scheint, in der man aber nicht mehr protestierend auf die Straße zu gehen pflegt. Innere Einkehr, Sehnsucht nach Reinheit haben sich breitgemacht.

TRENDBÜRO HAMBURG

Wie wir arbeiten.

Trendbüro ist eine Agentur für Consulting, Monitoring und Recherche. Von der schlichten Beratung bei der frühen Planung eines Produktes über die Mitarbeit bei Kampagnen und Produktdesign reicht unser Angebot. Wir organisieren Kongresse, Multimedia-Shows und arbeiten für Fernsehen und Printmedien.

DAS SCANNING

Zentrum der Arbeit von Trendbüro Hamburg ist ein Prozeß, den wir „Scanning der kulturellen Oberflächen“ nennen. Wir beobachten ständig die Zeichensprache der Gegenwart. Wir werten Zeitungen und Zeischriften, Radio- und Fernsehprogramme aus, wir beobachten die Buchproduktion der Verlage und die Programmentwicklung in Museen, Theatern und sonstigen öffentlichen Institutionen. Zusätzlich scannen wir rund fünfzig Fachzeitschriften für technologische Entwicklung, Futurologie und neuere Naturwissenschaften. Wir beobachten intensiv die Entwicklungen in den elektronischen Medien, auch in Amerika und Japan, und wir verfügen über umfangreiches statisisches Material. Wir besuchen und beobachten Discotheken, Clubs, Restaurants und Läden, in denen sich eine neue Ästhetik entwickelt, analysieren die Veränderungen der Bildsprache und Botschaften von Werbespots und Videoclips. Auch scheinbar kleinen Phänomenen wie Änderungen im Verhalten und der Gestik von Jugendlichen oder Wandlungen in den Sprachgewohnheiten schenken wir besondere Aufmerksamkeit. Entdecken wir auf diesen Oberflächen eine Häufung gleichartiger Muster, wiederholt sich ein gleiches Thema, eine Melodie, dann stellen wir zunächst eine „Trendthese" auf. Nun korrelieren wir das jeweilige Phänomen mit objektiven Daten: Stimmen unsere Beobachtungen mit substantiellen Grundströmungen in der Gesellschaft überein, diagnostizieren wir einen Trend.

MONITORING

Monitoring ist ein Scanning-Prozeß, der in einem eingeschränkten Teilbereich stattfindet und darum gezielter und intensiver sein kann.

Ein Beispiel: Arbeitet Trendbüro an der Zahnbürste der Zukunft, so monitorisieren wir über einen gewissen Zeitraum alles, was mit Mund, Zahn, Zahnbürsten, Zahnputzgewohnheiten, Badezimmern und sofort zu tun hat – das heißt, wir erarbeiten eine aktuelle Kulturgeschichte des jeweiligen Sujets und analysieren seine Bedeutung und Konnotation in der Vergangenheit. Schließlich spüren wir soziokulturelle Trends auf, die – bleiben wir bei unserem Beispiel – das Zahnputzverhalten in die Zukunft hinein beeinflussen könnten. In einem abschließenden Workshop werden verschiedene Szenarien entworfen.

TRENDSCOUTING

Manchmal ist es sinnvoll, bestimmte Peer-Groups aufzusuchen und sie über ihren Lebensstil und ihr Outfit zu befragen, die Ergebnisse in Ton und Bild festzuhalten und später zu analysieren. Besonders bei modeorientierten Produkten kann die Basis am besten Auskunft über Trendentwicklungen geben. Diese Methode ist in der Trendforschung schon klassisch: Jugendliche Avantgarden sind die eigentlichen Pfadfinder auf der Suche nach neuen Stilen und Produkten.

CROSS-CULTURE-TRENDANALYSE

Eines der größten Hindernisse bei der Positionierung neuer oder der Renovierung alter Produkte ist das, was wir Befangenheit im Genre nennen. Um höchstmögliche Denkfreiheit zu erlangen, kann es bisweilen hilfreich sein, artfremde Experten in einen intensiven Diskussionsprozeß einzubeziehen – Experten aus Medien, Wissenschaft und Kultur, die scheinbar mit dem Genre gar nichts zu tun haben. Eine solche Trend-Session würde zum Beispiel Philosophen über Turnschuhe, Psychologen zum Thema Fleischkonsum, einen Literaten zum Thema Energie oder einen Computerfan zum Thema Ernährung befragen. Zu diesem Zweck unterhalten wir eine ständig aktualisierte Datei mit Trendexperten und Koryphäen aus den verschiedenen Wissensgebieten.

DAS KOLLEKTIVE ORAKEL

Die Expertenkartei ist auch Grundlage für ein weiteres Verfahren: Zu einem bestimmten Thema, einem Problem befragen wir eine größere Anzahl von Experten und/oder Konsumenten.

Anders als bei quantitativer Marktforschung geht es hier jedoch nicht um die Erzeugung von Zahlen, sondern um ein möglichst breitgefächertes Meinungsbild, das später zu verschiedenen Szenarien verarbeitet wird. Diese Arbeitsmethode geht davon aus, daß ein bestimmtes Ensemble kluger Köpfe auf dem Weg kollektiven Ahnens Trends voraussehen kann.

TRENDWELTEN-PRÄSENTATION

Die Weltentechnik bietet sich an, wenn sinnliche und komplexe Trends dargestellt werden sollen. Trendwelten sind virtuelle Räume, in denen Gegenstände, Töne, Geräusche, Stoffe, Gerüche zu einem kohärenten Stil versammelt sind, der sich derzeit in unserer Kultur entfaltet. Man kann diesen Raum begehen, beriechen, betasten und interpretieren. In einem anschließenden Trendwelten-Workshop können die Teilnehmer einer Präsentation ihr „Weltendummy“ erarbeiten.

TRENDPAKETE UND TRENDLETTER

Trendbüro gibt für seine Stammkunden einen monatlichen Spezial-Trendletter heraus, der nicht für den öffentlichen Markt verfügbar ist. Dieses „Frühwarnsystem“ funktioniert als kreativer Ideengeber. In komprimierter Form werden hier die aktuellen Trendlinien auch optisch dokumentiert. In regelmäßigen Abständen packen wir für die Abonnenten obendrein ein Päckchen mit Gegenständen und neuen Produkten zu bestimmten Trendentwicklungen.

DAS TRENDMUSEUM

In unseren Büroräumen in Hamburg halten wir ständig eine kleine Sammlung von Gegenständen und Produktgruppen bereit, die die Trends der Gegenwart symbolisieren und erklären können.

PRODUKTENTWICKLUNG

Eine der kreativsten Trendforschungsmethoden ist das „Verkaufsregal der Zukunft". In einem auf den ersten Blick sehr spielerischen Prozeß entwerfen wir in Zusammenarbeit mit der Produkt- und Marketingabteilung des Kunden die „Produktpalette der Zukunft". Diese Technik dient der sinnlichen Stimulierung für die Entwicklungs- und Marktforschungsabteilungen. Es entstehen Dummies für Zukunftswaren, in allen möglichen Formen und Anmutungen.

MEDIENENTWICKLUNG

Trendbüro arbeitet eng mit seinen Schwesterfirmen Büro Hamburg (Kommunikationsdesign) und Kabel Hamburg (Multimedia) zusammen. In diesem Kontext verfügen wir über die Möglichkeit einer kompletten Entwicklung und Abwicklung von Zeitschriften, Katalogen, Broschüren bis Multimediaanwendungen.

DIE JOURNALISTISCHE ARBEIT

Ein wesentliches Standbein der Arbeit von Trendbüro ist unsere direkte Medienarbeit. Wir geben Bücher heraus, wir beraten Redaktionen über Trendentwicklungen, wir bieten die Entwicklung und Betreuung kompletter redaktioneller Teile an.

Bildnachweis

Folgende Photos mit freundlicher Genehmigung von:
Antje-Katrin Hansen 233, 239, 240, 241, 243, 244;
Apple Computer Deutschland GmbH 236;
Calvin Klein Cosmetics GmbH 245; Ikea Deutschland GmbH 235;
Ives Saint Laurent /Rive Gauche 237;
Malboro Designshop/IDE GmbH 231; Nintendo Deutschland GmbH 242;
Origins GmbH 232; Piccadilly Shoes Limited 243;
Philip Morris Deutschland GmbH 235; Philips 240/241;
SCP ltd. London 230; Volkswagen AG 238;
Weitere Fotografen: Oona Strathern, Alfred Steffen.

POPKULTURELLE

REZESS KUL

GENERATIO X-SY ROM

CKK HR DER SPE SE